会社のなかの「仕事」
社会のなかの「仕事」

資本主義経済下の職業の考え方

阿部真大

光文社新書

警備員が座って仕事のできるような社会を目指して

はじめに

現代日本には、やりがい搾取の蔓延、カスタマーハラスメント、なくならない「超」長時間労働、企業文化の硬直性といった、仕事に関わる様々な問題があります。それを解決するためには、仕事を、会社などの「組織」とは別に「社会」のなかに位置づけ直す必要があり、それこそが今、求められている仕事の捉え方＝「職業」の本来的なあり方であるというのが、この本の中心にあるテーマです。

この本の目的は、現代日本における仕事の捉え方に何が欠けているかを知ってもらい、仕事を、組織ではなく社会のなかにおける各々の役割＝「職業」として位置づけることの重要性を理解してもらうことです。第1部（第1章、第2章）では、働く人を守る「職業」の側面に、第2部（第3章、第4章）では、組織（企業）を強くする「職業」の側面にフォーカスします。

第1章（「『やりがい搾取』を考え直す――有機的連帯、労働組合、ユーモア」）では、近年話題となっている「やりがい搾取」の克服のためには、「無限定」に増えていく仕事に労働者が没入していく状況に歯止めをかける必要があり、そのためには、1．職業の社会的役割の明確化、2．労働組合の再活性化、3．ユーモアのベースとなる「職業人教育」の実践が求められていることを説明します。

第2章（「池井戸潤と戦後ヒューマニズム」）では、現代日本における企業人＝組織人の苦悩を描く池井戸潤（『半沢直樹』シリーズの原作者）の作品を評価しつつも、それに対置される職人的な登場人物の描かれ方には働く側（生産者）の視点が希薄であるため、職業の本来のあり方を提示し損ねていることを指摘し、現代日本において、「職業人」を考える際の落とし穴について考えます。

第3章（「職業人vs.組織人 ——脱‐組織のマネジメントの重要性」）では、私自身の研究者、大学教員としての経験から、一人の人間のなかに、職場のなかでどう仕事をするのかを重視する「組織人」と社会のなかでどう仕事をするのかを重視する「職業人」が併存することのジレンマと、組織文化の強い日本の職場のなかで「職業人」を育てるためのマネジメントについて考えていきます。

第4章（「『パートタイム田舎就労』の可能性とオルト・エリートの挑戦」）では、都市で働く人々に「職業」の社会的役割に関する「気づき」を与える「パートタイム田舎就労」の試みについて見ていきます。

社会学の知見をベースにしながら、第1章は実際の労働現場の状況とアメリカ映画を題材に、第2章は小説を題材に、第3章は自身の経験を題材に、第4章はインターネット上の資料を題材に、議論を進めていきます。

加えて、途中にコラム、本論の後に、第3部となる補論があります。コラム①、コラム②は、第1章、第2章と関連した内容となっています。

コラム①（「心地いい『職業映画』としての『ハドソン川の奇跡』」）では、『ハドソン川の奇跡』という映画を題材に、職業をベースにした「有機的連帯」のあり方について考え、コラム②（「『汚れ仕事』のユーモアとシニシズム――ダーティー・ワーカーの『不真面目さ』を受け入れる」）では、「汚れ仕事」に就く人々を扱ったエスノグラフィーを題材に、職業を持続可能なものとするための「寛容さ」の重要性について考えます。

第5章と第6章にあたる補論は、本論を補完する内容となっています。ポスト戦後社会における「職業」という考え方の意義と課題について、第5章（「不安定な職場で『軽やかに』生きるために――ポスト日本型雇用社会における茶化し／ズラしの条件」）では歴史的な視点を踏まえつつ、第6章（「組織の『脱ジェンダー化』とテレワーク――コロナ禍での失敗をどう生かすか?」）では２０２０年にはじまった「コロナ禍」というアクチュアルな問題に絡めつつ、考えていきます。

ひとつ、注意していただきたいのは、この本は自由主義経済を否定するものではないという点です。この本は、技術のイノベーションを可能にし、社会を発展させる自由主義経済を前提としつつ、そのバグをいかに修正して持続可能なものにしていくかという問題への関心をベースに書かれています。その意味では、働く人が会社の売り上げや儲けについて考えることを否定しているわけではなく（会社が潰れては働く場所自体がなくなってしまいます）、それだけになってしまうと社会そのものが壊れてしまうために「仕事」に対して別の意味づけも必要で、それが「職業」という考え方だということを主張しています（それは働かせる側の経営者も同様です）。

働きすぎで労働者が倒れるのを防ぐ労働規制というのは、資本主義システムの暴走を防ぐためにビルトインされている「ブレーキ」のようなもので、職業の社会的役割を人々が認識することも、同様の機能を果たします。資本主義を止まることを知らないバイクのエンジンに例えると、法制度（労働法）と社会道徳（「職業」という考え方）がフロントブレーキ、リアブレーキとなって、はじめてバイクをうまく操縦することができる。ポイントは、オートバイレーサーはブレーキを使いながらも（転倒してレースが終わらないようにしながらも）レースをすることができるということです。つまり、自由主義経済を守りつつ、その問題点を（社会全体で）考えることも可能だということです。「職業」という考え方は、自由主義経済と両立しうるものなのです。

第1章から順に読むのが読みやすいと思いますが、各章、各コラム、各補論は独立した構成になっていますので、興味のあるところから読んでいただければと思います。

会社のなかの「仕事」
社会のなかの「仕事」
資本主義経済下の職業の考え方

目次

第2部　組織を強くする「職業」

第4章 「パートタイム田舎就労」の可能性とオルト・エリートの挑戦 130

第3部 補論 ——ポスト戦後社会と「職業」

第5章　不安定な職場で「軽やかに」生きるために

第1部　働く人を守る「職業」

第1章　「やりがい搾取」を考え直す
——有機的連帯、労働組合、ユーモア

分業のもっとも注目すべき効果は、分割された諸機能の効率を高めることではなくて、これらの機能を連帯的にすることである。（エミール・デュルケーム）[1]

1.「やりがい搾取」から逃れるために

やりがい搾取の10年間

「やりがい搾取」という言葉は、２０１６年に大ヒットしたドラマ、『逃げるは恥だが役に立つ』（野木《のぎ》亜紀子《あきこ》脚本。人々の「テレビ離れ」が叫ばれるなか、２０１６年12月20日に放送された最終回では、視聴率20・8％という高い数字を記録した）のなかで使われて以来、世の中を賑

わす「バズワード」として注目されています。この言葉はもともと、教育社会学者の本田由《ほんだゆ》紀《き》が、私がバイク便ライダーの参与観察をもとに執筆した『搾取される若者たち――バイク便ライダーは見た！』（阿部 2006a）のなかで提起した「自己実現系ワーカホリック」という概念を一歩おしすすめたかたちでつくり出したものでした。

「自己実現系ワーカホリック」とは、若者が自分の「やりたいこと」を仕事にして（当時、若者の仕事に対する「やりたいこと志向」の強まりに注目が集まっていました[2]）、それに没入していくことを指しているのですが、本田は、それに働かせる側＝資本の側の意図を組み込み、この言葉を生み出しました。

「自己実現系ワーカホリック」という言葉は、個人側の動機を強調しているように見えるため、不適切な面があるかもしれない。働かせる側の要因の重要性を言いあらわすために、

1　Durkheim 1960=2005:62。「分業」について、アダム・スミスはそれを効率性を高めるものと論じ、カール・マルクスはそれを人間性の疎外と見た。エミール・デュルケームは、それを人々の連帯を生み出す源泉と考えた。本書は、そのデュルケームの考え方を現代的な諸問題に応用する試みである。

2　社会学の研究の一例として、２００４年の新谷周平による論文（新谷 2004）がある。新谷は、フリーターの選択プロセスから、当時注目を集めていた若者の「やりたいこと」志向の内実を明らかにした。

ただしくは「〈やりがい〉の搾取」と呼ぶべきであろう。（本田2008:96）

本田は、「自己実現系ワーカホリック」を構成する要素として、バイク便ライダーの調査（阿部2006a）やコンビニエンスストアの店長、副店長を対象としたフィールドワーク（居郷2007）から仕事の趣味性とゲーム性を、ケアワーカーの調査（阿部2006b）や「燃え尽き症候群」に関する研究（久保2007）から仕事の奉仕性を、インターネットやＤＶＤに見られるある居酒屋チェーンの労働現場の分析から仕事のサークル性・カルト性を挙げています。これらの要素が絡み合って、「やりがい搾取」が生み出されていると本田は述べています（本田2008:86-96）。

「やりがい搾取」のポイントは、働く人の「やりがい」が、働いている間に、資本の論理によって歪められ、資本の都合のいいように書き換えられていくという点にあります。たとえば、「バイクが好きだ」という「やりがい」が、仕事をするなかで「バイク便が好きだ」という「やりがい」へと変化していくという点が重要です。本田の言う、趣味性やゲーム性、奉仕性、サークル性、カルト性は、仕事以外の活動においても魅力的な要素ではあります。趣味やゲームを楽しんだり、ボランティアに参加したり、サークル活動に励んだり、自己啓発セミナーにハマったりすることは、日常生活のなかで、多くの人が経験していることでしょう。しかし、それがいつの間にか「仕事のやりがい」となり、資本の求めているものと一致すると、それによって（無給のサービス残業や研修などといった）不当な搾取状態が見えにくくなり、「剰余価値を生み出す超過労働に文句を言わず没入していく労働者」という、資本にとってはこの上なく理想的な労働者が生み出されることになります[3]。これが「やりがい搾取」です。

私が『搾取される若者たち』を執筆してから10年以上が経ちますが、この問題は、いまだ解決されていないように思われます。２０１４年にはＮＨＫの番組『クローズアップ現代』（「あふれる〝ポエム〟?!～不透明な社会を覆うやさしいコトバ～」）で、「仕事のやりがい」を表す言葉がどれだけ観客の心を打ったかを競い合う（「居酒屋甲子園」に代表される）「甲子園」と呼ばれるイベントが紹介され[4]、大きな反響を呼びました[5]。現在でも、ＴｗｉｔｔｅｒなどのＳＮＳで「やりがい搾取」と検索すると、この状態に異議を唱える若者たちの言葉が、多くヒットします。

職業文化を変えるためには

若者たちが「やりがい搾取」から逃れるためにはどうすればよいのでしょうか。労働法を守らせる、労働規制を強化することというのが、第一になされなくてはならないことでしょう。無給のサービス残業や研修などは労働法違反なので、労働基準監督署が厳しく取り締まるべきですし、常態化している長時間労働についても早急に規制の強化が必要です。そのことは大前提として、私が本書で提案したいのは、法制度以外の部分で、日本の「職場文化」を変えることです[6]。それは労働法を守らせることにもつながるでしょう。具体的には、

1. 職業の社会的役割の明確化
2. 労働組合の再活性化
3. ユーモアのベースとなる「職業人教育」の実践

の三点です。それぞれ、仕事を何のためにするのか、誰がコントロールするのか、どうやってするのかに関係しています。現代日本においては、仕事の社会的役割が明確でないため、客(利用者)のニーズが最重要視されがちです。また、労働組合が弱いため、現場の声が職

場に反映されにくくなっています。このため、仕事が「無限定」に増えやすい状況[7]が生じ

3　資本の超過労働への渇望は、『資本論』の第1巻、第8章（労働日）の第2節（増殖労働への渇望。工場主とボヤール）に、当時の工場視察官の報告書を引用するかたちで、生々しく記されている。

「多くの工場主にとって、労働時間を法律で定められた限度を超えて延長させることによってえられる特別な利潤は、抵抗しがたい誘惑のようである。違反してもみつからない可能性に賭けており、もしも違反が暴かれても、わずかな罰金と裁判費用を払えば、収支は黒字になると計算しているのである」。「わずかな時間を盗んでそれを集めて追加の労働時間を手にいれている場合には、視察官がその証拠を集めるのはきわめて困難である」。

資本が労働者の食事時間や休憩時間を盗むこの「小さな泥棒行為」について、工場視察官たちは、「数分の齧《かじ》り」とか「数分のごまかし」と呼んでいる。労働者たちは技術用語として、これを「食事時間のつまみ食い」と呼んでいる。

こうした雰囲気のもとで、増殖労働によって増殖価値が形成されていることは、公然たる秘密である。「ごく立派な工場主がわたし（視察官のこと：引用者注）に、もしもわたし（工場主のこと：引用者注）に一日わずか一〇分でも超過労働を課すことを許してくださるならば、わたしの懐には毎年一〇〇〇ポンドが転げ込んでくるのですと語ったものである」。「一瞬一瞬が、利益を生む」。（Marx 1962 = 2012:173-174）

資本がこれほどまでに欲している超過労働を、自らの「やりがい」のために喜んで差し出してくれる若者たちは、資本にとってこの上なくラッキーなことだろう。彼らは自ら喜んで増殖価値率（剰余価値率）を高め、労働力の搾取度（「増殖価値率は、資本による労働力の搾取度の大きさを、あるいは資本家による労働者の搾取度の大きさを正確に表現したものである」（同：110））を大きくしてくれる存在なのである。

ています。このような状況でユーモアが弱いと、職場の状況を一歩引いて見ることができず、職場への没入度合いが強くなってしまいます。こうして、「やりがい搾取」を生み出しやすい土壌がつくられているというのが私の考えです。

2．職業の社会的役割を明確化する

職業の社会的役割の明確化

まず、1点目の「職業の社会的役割の明確化」について考えていきましょう。これは、仕事を「何のためにするのか」に関係することです。

社会学者の尾高邦雄《おだかくにお》は、職業を、①生計の維持、②個性の発揮、③役割の実現の三つの側面から論じています（尾高 1995:41）。尾高の言う「役割の実現」とは、人々が、社会が成立するために必要な職業を遂行するなかで、社会の構成員としての自覚を高めていくことであって、「職業の社会的役割」とは、社会を存続させるという目的から、演繹《えんえき》的に導きだされるものです。

この、「演繹的」というのが重要な点です。まずあるのは「社会」です。複雑な近代社会は分業を行わないと一日たりとも存続することはできない。社会を存続させるためにはどういった分業が必要かと考えたときに、職業が生まれてくる。そしてそれが集まって、社会を

4　ＮＨＫのホームページ（http://www.nhk.or.jp/gendai/articles/3451/index.html）では、この番組の概要が、以下のように説明されている。

居酒屋、介護士、トラックドライバーなどの業界で、「甲子園」と呼ばれるイベントが人気だ。「夢をあきらめない」「みんなを幸せに」…どれだけ言葉が心を打ったかを競い合う。震災以降、こうしたシンプルで聞き心地のいい言葉の多用が、若い世代のみならず、広告宣伝や企業の研修、そして地方自治体の条例など公共の言葉にも広がっているとして、社会学者や批評家らが「ポエム化」と呼んで分析を試み始めている。共通する特徴は、過剰とも思える優しさ・前向きな感情の強調だ。この風潮を特に支持するのは、「年収２００万時代」の低収入の若者層と言われるが、厳しい現実を生き抜くために現状を肯定しようとする傾向が年々強まっているとされる。「ポエム化」の現場を通し、社会で何が進行しているのかを考える。

この番組には、私とコラムニストの小田嶋隆がゲスト出演し、日本社会の「ポエム化」について、キャスターの国谷裕子と議論を交わした。

5　放送への反響に関しては、Ｊ－ＣＡＳＴニュースの記事「『夢』『仲間』を声高に叫ぶ『居酒屋甲子園』に違和感? ＮＨＫ『若い世代のポエム化』特集がネットで反響呼ぶ」（２０１４年１月15日、https://www.j-cast.com/2014/01/15194211.html?p=all）に詳しい。

ひとつの有機体（生物）のように動かしていく。このことを社会学者のエミール・デュルケームは「有機的連帯」と呼びました。尾高の言う「役割の実現」とは、まさしくデュルケームの言う「有機的連帯」のことです。それこそが「職業」の重要な要素のひとつであると、尾高は言ったのです。

②（個性の発揮）としての「やりがい」は、資本家によって都合よく使われやすく「やりがい搾取」的な状況を引き起こしやすい。一方で、③（役割の実現）における「職業の社会的役割」は、社会的に仕事の範囲が定められているため、仕事のあり方は資本の論理によって変化させられにくい（資本にとって都合のいい労働者が生まれにくい）。職業の社会的役割が「やりがい搾取」的な状況につながりにくいというのは、こうした理由からです[8]。現代日本の職場においては、役割の実現（③）を可能にする「職業の社会的役割」の社会的な合意が取れていない状況があまりにも多いため、仕事が「無限定」に増え、「やりがい搾取」的な状況が頻出している。だから「職業の社会的役割」を強調し、尾高の言う職業の三要素（①生計の維持、②個性の発揮、③役割の実現）のバランスを取り戻さなくてはならないのです。

「お客様ファースト」のもたらすもの

「職業の社会的役割」の明確化は、社会がより複雑化し、職種が増え、それぞれの仕事の内容が個別化し、「この仕事の社会的な役割は何か」という社会的な合意がとりにくくなると、弱くなっていきます。そこに、雇用に占めるサービス業の割合が高くなる「産業のサービス

6　法律で規制すべきか社会規範に委ねるかという議論は、最近ではコロナの感染症対策やヘイト・スピーチの規制に関して、多くの議論が交わされている。浅田彰は、東浩紀と中沢新一との鼎談のなかで、ヘイト・スピーチの法的規制について、反対の立場をとりつつ、その理由を次のように述べている。

> もちろん、法的に規制するのではなく社会的良識でブレーキをかけるべきだというのは、それ自体、うわべだけの観念論であって、そもそも社会的良識がうまく働かなくなっているから法的規制が必要なんだという議論もわかりますよ。しかし、「便所の落書き」を核心的なものとして含む言論と表現の自由というのは、最も根源的な自由のひとつであって、安易に法的規制を考えるべきではない。（浅田・東・中沢 2015:105-106）

私自身も、「やりがい搾取」の問題は、企業、労働者の自由をできるだけ規制することなく、なるべく社会のレベルで解決すべき問題であると考えている。

7　「無限定」という言葉は、井口（2002）を参照した。井口は、家族介護者が常に介護を行わなければならないと考え、仕事の際限のなさを経験している状態を、家族介護の「無限定性」と名付けた（同：89）。同論文で、井口は、その無限定性が限定化される状況についても記述している（同：95-97）。

化」が加わることで、仕事の目的として「目の前にいる客を喜ばせること」の重要性が増しています。近年の「やりがい搾取」の温床であるサービス産業を見てみると、「お客様ファースト」の優位性は、かつてないほど高まっています。

その象徴が、先述の『クローズアップ現代』のなかで印象的に流れた、エステティシャンの集会で叫ばれるスローガン、「すべてはお客様のために！ すべては仲間のために！」でしょう（このスローガンで言われている「仲間」とは、文脈上、「お客様のために尽くす仲間」のことであることは明白で、お客様に尽くさないエステティシャンは「仲間」ではありません。要するにこのスローガンは、突き詰めれば「すべてはお客様のために！」ということです）。そこでは、「エステティシャン」という職業の社会的な役割（たとえば「すべては人々の美しい身体づくりのために！」といったような）に関する言及は後景に退いています。何より大切なのは「お客様の要望」なのです。

「お客様ファースト」の職業観が社会的に共有されてしまえば、企業間の競争のなかで、サービスのインフレーションが起こるのは避けられません。それは、エステティシャンのような比較的、歴史が浅く、仕事内容についての社会的な合意があまりない仕事においては特にそうでしょう。客はどこまでも過剰なサービスを求めるようになり、他社に負けないためには、どの企業もサービスの水準を上げ続けなくてはならない。たとえばあるエステティックサロンがドリンクサービスをはじめたら、競合相手のサロンもそれをしなくてはならない。そこで出すドリンクがオシャレなハーブティーであったとしたら、それに負けないようなドリンクを出さなくてはならない。ドリンクだけでなくデザートも出すようになったら、どういったデザートで差別化を図るか考えなくてはならない。毎日違うデザインの手作りのウェルカムボードを店の前に出すことになったら、同じようなボードを出さなくてはならない。客ごとに個別のメッセージカードを渡すことになったら、それを超えるようなサービスをはじめなくてはならない、等々[9]。競合相手がひしめき合う、いわゆる「レッドオーシャン」

8　デュルケームも、有機的連帯のベースとなる職業集団が、資本の力への抵抗をもつことを指摘している。『社会分業論』の第二版の序文、「職業集団化にかんする若干の考察」で、彼は次のように述べている。

> われわれが職業集団のうちにみるものは、一個の道徳力である。この力によってこそ、個人のエゴイズムを抑制し、労働者の心のうちにいきいきとした共同連帯の感情を絶やさぬようにし、弱肉強食の法則が商工業上の諸関係にこれほど露骨に適用されないようにすることが可能なのである。（強調は引用者、Durkheim 1960=2005:9）

「やりがい搾取」が、資本主義経済のエゴイズムと弱肉強食の果てに生み出されたものであるとすると、今こそ、デュルケームのこの言葉の重さを、私たちは噛みしめるべきだろう。

の市場のなかで、血で血を洗うサービス競争が過熱していきます（事実、エステティシャンの過重労働は有名で、そのことはいたるところで問題化しています[10]）。どういった仕事かの具体的な合意が不明瞭なままで、企業間の競争に打ち勝っていかなくてはならないとなれば、対人サービスの労働量がインフレーションを起こすことは必然的なことなのです[11,12]。

またそれは、近年話題になっている「カスタマーハラスメント」（以下、「カスハラ」とします）を引き起こしている原因のひとつでもあります（エステ業界でも、カスハラは常態化しています）。過剰なサービスを要求する客＝「モンスターカスタマー」は、確かに「イタい」人たちでしょう。しかし、「すべてはお客様のために！」というようなスローガンが、こうした「勘違い」を引き起こしている側面もあると思います。問題は、彼らに対して、「それは私たちの仕事の範疇《はんちゅう》ではありません！」とか、「私たちの仕事は○○することで△△することではない！」と言えるような社会的な合意（そのことを言ったとしても批判されることなく、まわりの共感を得られる状態）がないことで、私は、そのことこそが、カスハラをめぐる問題の本質にあると思っています[13]。

9　「エステサロンのお仕事」（エステサロンオーナーのための情報サイト）内の記事、「エステサロンでサービスする飲み物は、どんなものがいい？」（https://www.menard.biz/blog/1801n08/）、「お客様が通いたくなる！　サロンにプレミア感を持たせる演出テクニック」（https://www.menard.biz/blog/1806n04/）参照。

10　産経新聞の記事、「『会社の法律は俺』…残業代不払い『ブラック企業』、長時間労働当たり前のエステ業界」（２０１７年12月７日）では、東京都内のエステティックサロンで、「午前９時～午後９時ごろまでの長時間労働で、休憩も十分に取れない労働環境だった上、残業代は一切支払われず、月給が23万円を超えることもほぼなかった」という過酷な労働環境があったことが報道された（https://www.sankei.com/premium/news/171207/prm1712070005-n1.html）。

11　狭い職場世界でサービスがインフレーションを起こしていく様子を、ケアワーカーを例に明らかにしたのが、拙著『働きすぎる若者たち　「自分探し」の果てに』（阿部 2007）である。

12　これは、「ガラパゴス化するサービス」とも言えるだろう。『知恵蔵』では、「ガラパゴス化」について、「独自の方向で多機能・高機能化した製品やサービス、海外進出やＭ＆Ａに消極的な企業、排他的で規制の多いマーケットなど、国際標準からかけ離れている日本の産業の現状を批判的に表した新語。大陸から隔絶された環境下で、生物が独自の進化を遂げたガラパゴス諸島（エクアドル）の生態系に重ね、２００７年ごろから広く使われるようになった」（強調は引用者、大迫 2010）と説明されている。「おもてなし」という言葉は、２０１３年、アルゼンチンのブエノスアイレスで行われたＩＯＣ総会での滝川クリステルのスピーチで有名になったが、それは裏を返せば、日本ではサービスのグローバル化ができていないということでもある。国内のみで研ぎ澄まされる過剰サービスは、外貨獲得のためには「よきもの」であると当然のように想定されているが、本当にそうであるか、再検証する必要がある（それは日本人の自己満足で、外国人には「奇妙なもの」と映っているかもしれない）。

議論の場をつくり続けること

エステティックサロンに限らず、現在、「快適といえば快適だけど、ここまでのサービスをする必要はあるの？」と首をひねらざるをえないような過剰なサービスが、当たり前のものとなりつつあります。たとえば、タクシーの横に立って客を待ち続けるタクシー運転手の姿や、テイクアウト用のカップに一つずつ手書きでメッセージとイラストを書き込むカフェの接客担当の店員の姿は、かつては見られないものでした。「タクシーの運転手の仕事は客を安全に目的地へと届けること」「カフェの接客の仕事は、おいしい商品を客に渡すこと」という社会的な合意が崩れると、サービスはインフレーションを起こしてしまうのです。一度、サービスのレベルが上がると、それをしていない店は「サービスが悪い店」の烙印《らくいん》を押され、「相互監視」的な性格の強いインターネット社会においては、それが店への圧力となります[14]。

こうした社会の流れが働く人々を壊し、社会を壊してしまう前に、仕事の社会的役割について考え直していくことは、喫緊の課題です。それがないと、どこまでもサービスを要求する消費者の声は今後も大きくなり続け、現場の労働は強化され続けるでしょう（それに伴う「カスハラ」もなくなりません）。こうしたことを避けるためには、職業の社会的役割に関する合意が、今一度、なされなくてはならないのです。

もちろん、そうした合意形成は、そう簡単にできるものではないでしょう。たとえば、２０１２年にスカイマーク社が座席のシートポケットに入れた「スカイマーク・サービスコンセプト」は、「お客様の荷物はお客様の責任において収納をお願いいたします」「お客様に対しては従来の航空会社の客室乗務員のような丁寧な言葉使いを当社客室乗務員に義務付けておりません」「安全管理のために時には厳しい口調で注意をすることもあります」「客室乗務員のメイクやヘアスタイルやネイルアート等に関しては『自由』にしております」「客室乗務員の服装については会社支給のポロシャツまたはウインドブレイカーの着用だけを義務付けており、それ以外は『自由』にしております」「客室乗務員の私語等について苦情を頂くことがありますが、客室乗務員は保安要員として搭乗勤務に就いており接客は補助的なもの

---

13 「カスハラ」に関しては、ＮＨＫの『クローズアップ現代＋』で放送された、「暴言に土下座！ 深刻化するカスタマーハラスメント」（２０１８年11月12日放送）と「カスタマーハラスメント！ 客の暴言で心が壊される」（２０１９年５月29日放送）をベースにしてまとめられた書籍、『カスハラ モンスター化する「お客様」たち』（「ＮＨＫクローズアップ現代＋」取材班 2019）が話題となった。この本のなかで、私は、カスハラをなくすためには、「どの仕事をどこまでやるのかに関して、個別の企業にとどまらない、『社会的な合意』を形成していく必要がある」（同：101）とコメントした。

と位置付けております」（一部を抜粋）といった、かなり画期的なもので話題になりましたが、批判が大きく、最終的には回収に追い込まれてしまいました[15]。

ただ、「これは過剰サービスを抑制するためのジョブ・ディスクリプション（職務記述書）だ」[16]などと、こうした対応をある程度、評価する声が多かったことも確かで、「客室乗務員」という職業の社会的役割について考える議論を顕在化させたとは言えます。客室乗務員の社会的役割を「フライト中の何でも屋さん」ではなく、「フライトの安全を守る保安要員」と明確に定めようとしたスカイマークの提案は、最終的には社会には受け入れられませんでしたが、こうしたアクション自体は意味のあるものだったと言えます。

２０１８年、ある居酒屋チェーンに貼り出された「お客様は神様ではありません」という貼り紙が話題になりました。これをきっかけに「居酒屋店員の役割とは何か」に関する議論がＳＮＳ上で巻き起こったことは記憶に新しいですが[17]、こうした議論は、今後、より活発化していくと考えられます。受け入れられるか否かは、その時々の状況によると思いますが、（マスメディア上／ソーシャルメディア上、オンライン／オフライン、企業から／組合から／市民からを問わず）こうした合意形成のための議論の場の構築とそこへ人々を「巻き込む」ことこそ、「やりがい搾取」の防波堤となる、職業の社会的役割の明確化のための第一歩だと言

14　「ＮＨＫクローズアップ現代＋」取材班（2019）では、ＵＡゼンセン（全国繊維化学食品流通サービス一般労働組合同盟）が２０１７年に行った、流通部門における悪質クレームの実態調査が紹介されているが、ＵＡゼンセンが結成された２０１２年には、既にＳＮＳの広がりのなかで、過剰なクレームが目立ち始めていたと言う（同：66-67）。「以前からこうしたクレーム（迷惑行為）はあったんですが、一部の限られた方からの行為というよりは、広がりが出て来たと見ています。特にＳＮＳの利用者が増えて、何か接客で失敗したことをお客様にネット上に拡散されて、精神的なダメージを与えられるという人も出始めました」と、担当者は語っている（同：67）。この調査結果を分析した社会学者の池内裕美によると、組合員の感じていた迷惑行為による強いストレスと関係するもののひとつとして、「ＳＮＳ・インターネット上での誹謗中傷」があった（同：74）。
　また、池内は、同書のインタビューで、悪質クレームが増えている原因のひとつとして、ＳＮＳの発達を挙げ、それがサービス提供者の側に与えるプレッシャーについても語っている。

　ツイッターなどのＳＮＳで簡単に情報交換ができる時代になっていますから、「あそこの店で何々を買ったからこんなことをしてもらえた」、あるいは「してもらえなかった」、というような情報が簡単に見知らぬ他者と共有できる。それで、知らなくてもいい情報まで誰しもが知ってしまう。こうした情報化の背景も、サービスのレベルを上げなくてはいけないと思わせる要因の一つとして考えられますね。（同：87）

　もともとあった「お客様ファースト」の職業文化が、２０１０年代、ＳＮＳの普及とともに「カスハラ」という言葉を生むまでに極端化したのである。

15　「スカイマーク、サービスコンセプト回収　14日から新版に」（YOSHIKAWA Tadayuki, Aviation Wire ２０１２年６月７日、https://www.aviationwire.jp/archives/4495）

えるでしょう[18]。

3．労働組合を再活性化させる

労働組合の再活性化

続いて、2点目の「労働組合の再活性化」について考えていきます。これは、仕事を「誰がコントロールするのか」に関係することです。

労働組合とは「労働者が主体となって自主的に労働条件の維持改善その他経済的地位の向上を図ることを主たる目的として組織する団体又はその連合団体」（労働組合法2条）のことなのですが、それが弱くなると、経営者や株主など、資本の側の力が強くなり、職場は彼らの思い通りに動かされることになってしまいます。それは、「やりがい搾取」が生まれやすい職場と言えます。

ここで、日本の状況の特異性をあぶり出すため、比較対象として、アメリカ映画を参照しましょう。アメリカでは日本とは異なるドライな職業文化が形成されています。それを知るのに、映画は最適なメディアです。

---

16 「スカイマーク航空の『サービスコンセプト』は素晴らしいジョブ・ディスクリプションである」（中村和彦、The Simplest Essence、２０１２年5月30日、http://journal.simplesso.jp/arc/822/）

17 「ＮＨＫクローズアップ現代＋」取材班（2019）では、この居酒屋チェーンの取り組みが紹介されている。ネット上では賛否両論あったが、来店する客の意見は比較的好意的で、「発想の転換をするお店ですね。いまの時代に革命を起こしてる」「全然いいと思いますよ。日本人の中には、お金を払う側が強いという思い込みがあるけど、世界ではそうじゃなかったりするし」といった声もあった（同：171）。副社長の蒲池章一郎は居酒屋業界の現状と今後の展望を、次のように述べている。

> お客様の過度な要求に応え続けていくと、コストがかかります。コストがかかると利益が減って、従業員に渡す給料も減るわけです。頭がよくて優秀な従業員ほど、それに気付いて会社を辞めていきます。そうしたら人が少なくなって、穴を埋めるために採用する。で、最初に戻るというサイクルです。
>
> 何かを変えなければいけないのであれば、過度な要求に応えない部分を重視すれば、このサイクルは変わるんじゃないかな。優秀な人間は外へ出て行かずに、ホワイト企業を目指して、みんな楽しく働ける会社が作れるんじゃないかと思ってます。
>
> だからあくまで店としては、過度な要求に応えないっていうところですね。マニュアルをしっかり作って、マニュアル以上の対応はしないでよろしいという教育をするほかないと思っています。（同：174）

こうした動きが広がっていけば、「居酒屋甲子園」的な業界の現状も変わっていくかもしれない。

現場の声を無視した態度がいかに労働者たちにとって危険なものなのか、実際にあった航空機事故を題材に描き出したのが、２０１６年のアメリカ映画、『ハドソン川の奇跡』（クリント・イーストウッド監督）です。

航空機事故といっても、この映画で描かれるのは、２００９年、ニューヨーク発シアトル行きの旅客機が、離陸後のバードストライク（鳥との衝突）によってコントロールを失い、ハドソン川に不時着したけれど、乗組員と乗員の全員が無事だったという話なので、悲惨な話というよりは「美談」です（特に２００１年９月11日のテロのあった後のニューヨークの出来事であったことが、その「美談」感を強めました）。

この映画の主人公は、原題にもなっているサリー（Sully）こと、チェズレイ・サレンバーガー機長です。サリーは英雄なのか、人々の命を危険にさらしたパイロットなのかという問いが、この映画の物語の軸となっています。事故の調査を行う国家運輸安全委員会（ＮＴＳＢ）は、コンピューターシミュレーションの結果、離陸後、サリーは空港に戻ることができたと結論づけ、サリーは労働組合とともにそれに抗います。クライマックスの査問会のシーンでは、空港に引き返すか、ハドソン川に着水するかの決断をする際の時間をシミュレーションが組み込んでいないことをサリーが指摘し、その時間を組み込んだシミュレーションが行われた結果、あの状況下で空港に戻ることはできなかったことが証明され、サリーへの疑惑は晴らされました。

現場の声を届けること

『ハドソン川の奇跡』が我々に教えてくれる一つ目のことは、現場の声に耳を傾けることの重要性です。実際にその仕事をしている人にしか分からないことがあります。それは、仕事

18　職業の社会的役割の認識の重要性について、２０１７年3月18日の読売新聞（朝刊）の高校生向けの記事で、次のようにコメントした。

> 長時間労働に代表される日本の職場の慣習を変えていくには、働きやすい社会を作っていこうとする意識が労働者一人一人に必要だ。政財界主導の「上からの改革」だけでは、なかなか実現しないだろう。仕事の真のやりがいとは、会社や顧客に感謝されることではなく、その職業の社会的役割を果たすことにある。こうしたプロ意識を持つことで、組織の論理から生まれる無駄な仕事も減らすことができる。現状に慣れた大人には難しいかもしれないが、ぜひ若い人の力で変えてほしい。（強調は引用者、読売新聞）

仕事の「やりがい」に関する考え方は一朝一夕で変えられるものではない。特に長い間働いてきた年配の人ほどそうだろう。しかし、これから仕事をはじめる若い人たちは、その文化を変えていくことができるかもしれない。

をするのが人間であり、コンピューターではないからです。ときに、そのことを無視した上の決定が、現場の人間にとって非情な結果をもたらすこともあります。「飛行機業界に組合がなく、サリーに反論の機会が与えられなかったら、サリーは危険なパイロットとの烙印を押され、自身のキャリアを棒に振っていたでしょう。この作品の一つ目の教訓は、ここにあります。

ただしそれは、すべてを現場に任せればいいという話でもありません。現場が強くなりすぎると上層部の目が届かなくなり、現場が腐敗しやすくなります。上層部が強すぎると現場の声が届かなくなり、現場の労働の質が低下していきます。「やりがい搾取」の現場で起きているのは、後者の問題です。重要なのは、現場と上層部との間の緊張関係です。

かつては、前者の問題も大きかったため、（特に年配の人で）「労働組合」と聞くと拒否反応を示す人も多いでしょう。しかし、今でも大企業の一部で起こっているような昔ながらの問題と、「やりがい搾取」の現場で起こっている問題は分けて考えなくてはなりません。「やりがい搾取」を引き起こすような企業の多くにおいては、組合が弱すぎる（もしくはそもそもない）ことが問題なのです。

職業別組合の役割

『ハドソン川の奇跡』が我々に教えてくれる二つ目のことは、「職業別組合」の重要性です。

実は、労働組合といっても、サリーをバックアップするのは、正確には、日本ではおなじみの「企業別組合」（特定の企業、または事業所ごとに組織されている労働組合[19]）ではなく、「職業別組合」としての性格をもったパイロット組合です。職業別組合とは、同一職種、同一職能の熟練労働者を組織する労働組合（河西 1993 b）のことです[20]。

企業別組合が企業内の「組織人」をベースにしているのと対照的に、職業別組合は企業横断的なスキルをもつ「職業人」をベースにしています。劇中繰り返し描かれますが、サリーは職業の社会的役割について自覚的な「職業人」であり、彼が守ろうとしているのは、「パイロット」という職業の社会的役割であって、それは、企業に対する忠誠心を上回るもので

19　河西（1993 a）を参照。

20　資本主義が形成される過程において、当時の熟練労働者たちが自分たちの職業上の利益と身分上の安定のために結成した職業別労働組合は、近代的な労働組合の第一歩であった。しかし、20世紀になって、生産の自動化とともに熟練の解体が進み、半熟練労働者が大量に登場すると、一部の職種の利害だけを維持する職業別組織は新たな事態に対応できなくなり、衰退していった（元島 1993）。そして現在、雇用の流動性が高まり、人々の「職業」に対する意識が強くなる中、再び、職業別労働組合への注目が高まっている。

す。

先に話題になったエステティシャンの労働問題に取り組む組合である「エステ・ユニオン」も、産業別組合（熟練、職種、企業の違いを越えて、同一産業の労働者を、一産業一組合の原則のもとで組織する労働組合[21]）として活動していますが、実質的には、職業別組合としての性格も強くもっています。情報労連の記事[22]によると、「エステ・ユニオンは、２０１４年にエステ業界の働き方改善を目的に発足した個人加盟型の産業別労働組合」で、「日本に多い企業別労働組合とは異なり、エステ・ユニオンがそれぞれの企業と交渉し、労働協約を締結する」とあります。「組合のねらいは業界全体の健全化」であり、有名なエステティックＴＢＣ（ＴＢＣグループ株式会社）との「ホワイト求人労働協約」（就活安心労働協約）の締結は大きなニュースとなりました[23]。

「やりがい搾取」が起こっている業界は、エステ業界のように、雇用の流動性が高く、新興企業、零細企業も多いため、企業別労働組合の弱い（もしくはない）ところが多いです。こうした職場で、「誰が仕事をコントロールするか」を、資本から労働者に少しでも取り戻すためには、エステ・ユニオンのように、「職業」をベースに労働組合を再活性化し、経営者に現場の声に耳を傾けさせることが必須でしょう。それによって、資本の論理にふりまわされる職場を変えることができるかもしれません。

職業の社会的役割の先導者

また、第１節で見た、職業の社会的役割を明確化していく際にも、職業別組合はそれを先導する役割を果たすことが期待されます。

職業の社会的役割については、社会的な合意が必要なものなので、先導するのは誰でも、どんな団体でもいいのですが、やはり、（企業内で結成されたか、企業横断的に結成されたかを問わず）その職業に従事する人たちの集まりである職業別組合の果たす役割は大きいと思われます。それが社会的な合意を得ることができるか否かは分かりませんが、職業の社会的役割をめぐる議論のきっかけをつくるという意味でも、労働組合は重要と考えることができるでしょう。

21　河西（1993ｃ）を参照。

22　「産業別労組の次なる可能性　個人加盟型の産業別労働組合の事例からエステ・ユニオンの労働協約に注目」（情報労連、２０１６年10月21日、http://ictj-report.joho.or.jp/1610/sp02.html）

23　「人手不足と労働組合　『ホワイト求人労働協約』を締結　安心提供で採用増に効果あり」（情報労連、２０１６年12月15日、http://ictj-report.joho.or.jp/1612/sp07.html）

4．ユーモアのベースとなる「職業人教育」の重要性

最後に、3点目の「ユーモアのベースとなる『職業人教育』の実践」について考えていきます。これは、仕事を「どうやってするか」に関係することです。ここでも、アメリカ映画を参照しましょう。2012年のアメリカ映画、『アベンジャーズ』（ジョス・ウィードン監督）などで知られるMCU（マーベル・シネマティック・ユニバース）のシリーズの一連の映画です。

ユーモアと役割距離

このシリーズでは、複数のヒーローたちが集まって、チームとして戦うことが多いのですが、彼らの特徴として、ヴィラン（悪役）たちと戦っている最中に「軽口」をたたくことがやたらと多い点が挙げられます。特に軽口が多いのは、アイアンマンことトニー・スターク、スパイダーマンことピーター・パーカー、アントマンことスコット・ラングなのですが、彼らは、戦っているさなかでも、ひたすら関係のないことを話し続けます（特にアイアンマンは、軽口をあまりたたかない真面目なキャプテン・アメリカことスティーブ・ロジャースによく注

意されます）。

こうした彼らの態度を、社会学では「役割距離」（アーヴィング・ゴフマン[24]）と言います。彼らは、ヒーローという「役割」から「距離」をとり続けています。こうした態度が、ヒーローたちが戦いに行き詰まったとき、人間関係がギスギスしたときなどに、それを緩和する機能を果たしていることが、映画のなかでは幾度となく描かれます（実際、キャプテン・アメリカは、アイアンマンの軽口にしばしば救われます）。深刻になりすぎているとき、軽口が、

24　ゴフマンは、５歳の男の子の、メリーゴーランドに乗りつつも、その役割を真面目には受け入れず、他の馬に乗り替わろうとしたり、できるだけ仰向けになったりして「僕はやっと木馬を乗りこなせるような、そんなんじゃないんだぞ」というメッセージを送っている様子を例に出して、以下のように述べる。

> この気まぐれな行動は、意図的であろうとそうでなかろうと、誠実なものであっても見せかけだけであっても、他人に正しく評価されていようともいなくとも、それは、まさに、個人と役割のあいだ、すなわち、行為と存在のあいだにくさびをつくることになる。個人とその個人が担っていると想定される役割との間のこの「効果的に」表現されている乖離を役割距離 role distance と呼ぶことにする。（強調は原文、Goffman 1961=1985:114-115）

ゴフマンの挙げる役割距離の例としては、最初に挙げられるメリーゴーランドに乗る男の子の例と、その次に挙げられる外科医の例が有名である。外科医のケースでは、真剣さが求められる外科手術の際に、冗談を言ったりふざけたりする外科医の役割距離が詳細に分析される。

雰囲気をよくするきっかけとなるのです。

　こうした態度は、一般的には「ユーモア」と呼ばれるものです。「汚れ仕事」についての優れたエスノグラフィーを集めた論文集である『ダーティー・ワーク』では、ゴフマンの理論枠組みが積極的に使われているのですが、そこでは、ユーモアこそが、仕事において重要な意味をもっていることが指摘されています。

> ユーモアは職業集団のなかで重要な機能を果たしている。（…中略…）集団のメンバーは共通の経験を共有したり他のやり方では表現できないようなグループの懸念を表明したりするためにユーモアを用いる。メンバーは人間関係を共有し合っているため、ユーモアを言うことでグループの連帯感は強まり、メンバー同士で悪意なく笑いあうことが可能となる。また、ユーモアは対処戦略としても機能する。ユーモアを言うことで、メンバーたちは危機的状況を常態化し、自身のジレンマを笑い飛ばし、集団を団結させることができるのだ。（翻訳は引用者、Drew 2007:18）

　つまり、職場においてユーモアとは、職場の問題を顕在化させるために必要であることが指摘されています。冗談や笑い話をして役割から距離をとることで、仕事を醒《さ》めた目で見ることができ、職場の問題を明らかにし、それを克服することができるのです。

翻って「やりがい搾取」の起きているような日本の職場を見てみましょう。「居酒屋甲子園」はその典型のようなものです。「熱くなった者にしか見えない景色がある」という参加者の言葉からも分かるように、そこでは、役割に没入することがよしとされています。この状態では、職場で起きている問題を、問題と認識することは難しいでしょう。彼らはその世界と一体化してしまっているからです。

職場を二重化する

しかし、ただ「ユーモアをもて！」と言うだけでは、問題は解決しません。ユーモアの前提となる役割距離は、職場における役割以外にも自分には役割があることを自覚してこそ、とることができるものです。そこにしか自分の「居場所」がないとなれば、職場に没入してしまっても無理はありません。

職場以外の「居場所」をもつことで、役割距離をとれるようになるというのは重要なことです。ただし、第3章で論じるように、（働く人にとって）魅力的な職場というのは、労働者を引きずり込む独特の「引力」をもっています。また、そもそも「やりがい搾取」とは、バイク好きのバイク便ライダーが仕事に夢中になっていくように、その人の職場以外の「居場所」(=「生活世界」)を削っていくようなかたちで起こることが多いため(=「生活世界の植民地化」[25])、単に「職場以外に自分の『居場所』をつくって心に余裕をもってください」でも、うまくいきません。

職場のなかに、もうひとつの「居場所」をつくっていく。すなわち、職場を二重化することで、職場に属しつつ、役割距離をとれるような状況をつくっていくことが必要で、そのためには、先ほどから話に出ている有機的連帯のベースとなる「職業」という考え方が重要になってきます。

図に表すと、図1のようになります。職場を、組織のなかで求められる仕事(資本が求める仕事)を中心とした職場と、社会のなかで求められる仕事を中心とした職場に二重化すると、片方を足がかりにして片方から距離をとることが可能となるわけです[26]。

「職業人教育」の必要性

第2節(職業の社会的役割の明確化)と第3節(労働組合の再活性化)で検討したことは、

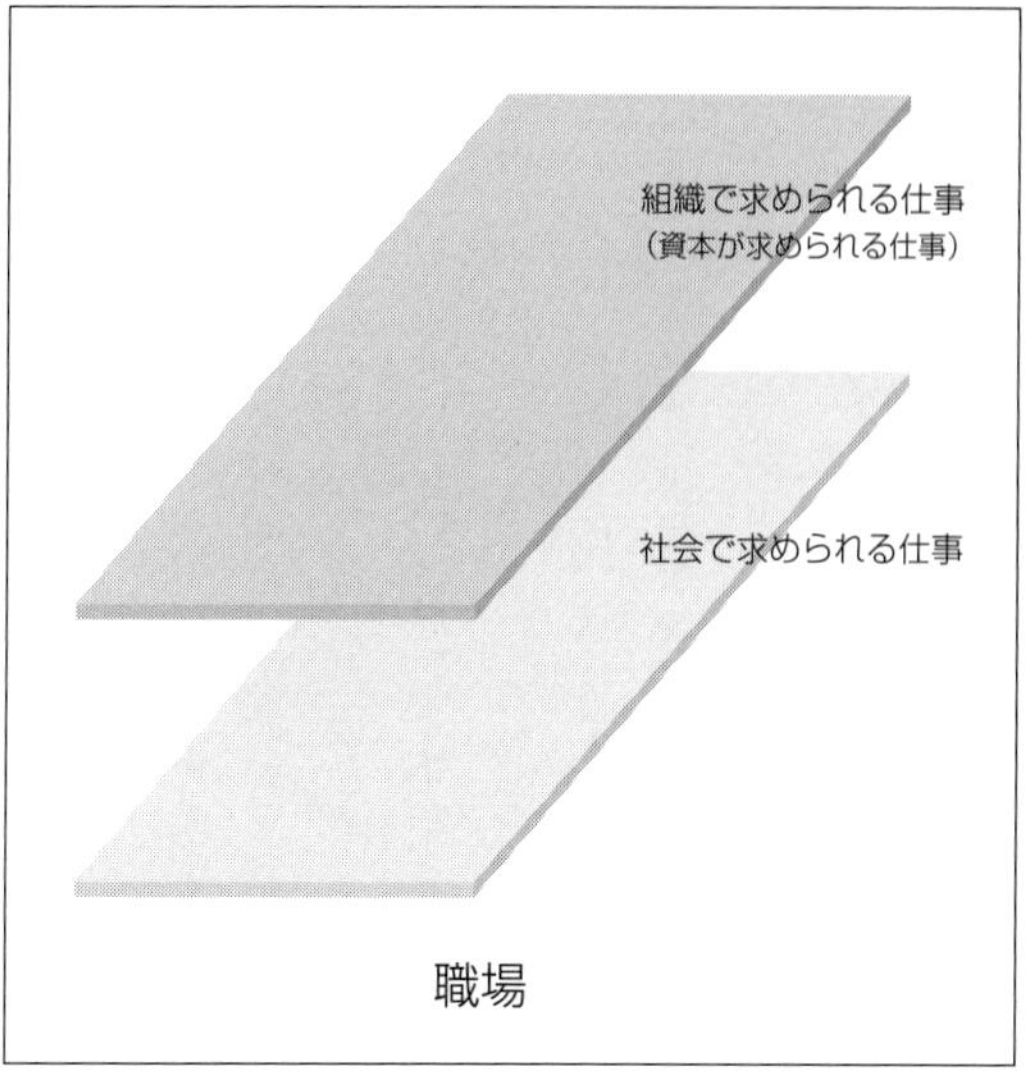

図１　職場の二重性

まさしく役割距離をとることを可能にする職場の二重化に不可欠な要素です。ここでは、加えて、職場の二重化を当たり前のものとして受け入れることのできるような職業観を育てる「職業人教育」について考えていきたいと思います。

　実は、日本において、自分の仕事を社会のなかに位置づけて考える志向が弱いことを示すデータがいくつかあります。

　まず、若者を対象にした国際比較調査（『我が国と諸外国の若者の意識に関する調査』）を見ていきましょう。この調査は、満13歳から満29歳までの青年が対象となっています。２０１３年の調査と２０１８年の調査では「職業選択の重視点」が聞かれているのですが、その答えとして「仕事の社会的意義」を選ぶ人は、日本においては、11・8％（２０１３年）、11・6％（２０１８年）、他方、アメリカにおいては、15・8％（２０１３年）、19・8％（２０１８年）でした[27]。

また、ベネッセ教育総合研究所が２０１８年、４歳から６歳（就学前）の幼児をもつ母親を対象に、社会文化的な背景が異なる４か国で行った調査によると、「お子様に、将来どのような人になってほしいと思いますか。３つまで選択してください」という問いに対して、「社会のために尽くす人」という答えは、インドネシア（24・7％）、中国（18・7％）、フィンランド（17・2％）と比べ、日本は、わずか３・５％と、圧倒的に低いことが分かりました（ベネッセ教育総合研究所 2018:11）。

この調査結果を見ると、日本社会が教育のレベルで「役割の実現」として仕事を教えることに成功していないことが理解できます。これでは、働き始めてから、急に「職業人たれ！」と言われても難しいでしょう。働く前から、職業の社会的役割を自覚させる「職業人教育」を推進していく必要があるのです。

もちろん、日本において「職業人教育」がまったくなされていないわけではなく、たとえば私の住んでいる兵庫県では、１９９８年より、中学生を対象に「トライやる・ウィーク」という地域における職業教育が実践されています。「指導の手引」のなかでは、「トライやる・ウィーク」のなかで身につける力として、「社会的・職業的に自立し、社会の中で自分の役割を果たしながら、自分らしい生き方を実現するための力」が挙げられています[28]。こ

---

25 「生活世界の植民地化」とは、社会学者のユルゲン・ハーバーマスの用語であり、システムによって「生活世界が隷属させられ植民地に転化する」状態を言う（Habermas 1981=1987:308）。

26 ゴフマンが、役割距離をとれるようになることが成熟した職業人のあり方であると考えていたと推測できるのが、Goffman（1961=1985）における、外科医についての話題のなかの以下の箇所である。

> 多くの役割距離を表明する人は、事実、役割から疎外されているのかもしれないが、しかし、その反対の場合も充分ありうることも真実であることをつけ加えておきたい。ある場合には、自分の愛着がしっかりしているという感じをもっている人たちだけが、距離を表明する機会を持つことができるのである。（同：142-143）

「愛着がしっかりしているという感じ」があるからこそ、職場の役割に埋没するのではなく、そこから距離を置くことができるのだとゴフマンは述べている。彼が、職業人としての成熟についてどのように考えていたかを知ることのできる箇所である。

27 「我が国と諸外国の若者の意識に関する調査（平成25年度）」（https://www8.cao.go.jp/youth/kenkyu/thinking/h25/pdf_index.html）、「同（平成30年度）」（https://www8.cao.go.jp/youth/kenkyu/ishiki/h30/pdf-index.html）

うした取り組みは、子どもたちに、職業の社会的役割についての「気づき」を与えるものとして、評価されるべきでしょう。

しかし、こうした教育実践は、地元を離れることが多いため、地域社会とのつながりが希薄になる高校生や大学生の時期においては、十分になされているとは言い難いのが現状です。また、この時期に多くの学生が経験する就職活動（とそれに紐づけられるキャリア教育）は、職業人というより組織人としての側面を育てるものとしての性格が強いと思われます。つまり、「職業人教育」ではなく「組織人教育」がメインとなってしまっているのです。これでは、たとえ教育の初期段階で「職業人教育」を行ったとしても、そこでの学びは、より実践的（のように見える）「組織人教育」に上書きされてしまうでしょう。時期を広く取り（高校時代、大学時代以降にまで延ばす）、地域も広く取った（「地元」だけではない「社会」への広がりももった）、広範囲な「職業人教育」の実践が必要であると思います。

5．公共圏の再生と「やりがい搾取」の克服

第1章では、「やりがい搾取」に歯止めをかける「職業の社会的役割の明確化」（第2節）、「労働組合の再活性化」（第3節）、「ユーモアのベースとなる『職業人教育』の実践」（第4節）について見てきました。これらが生み出す職場文化に共通するのは、資本が求めてくる仕事とは別次元の「場」があり、人々はそこにもコミットしながら仕事をするということです。そうすることではじめて、職業の社会的役割を認識すること、労働組合に所属すること、職場でユーモアをもつことが可能になります。それがない、もしくは機能として弱いと、資本の論理が仕事を全面的に規定することとなり、「無限定」に増える仕事のもとでの没入型の「やりがい搾取」を生んでしまいます。資本が求める仕事とは異なるもうひとつの「場」の中心にあるのは、有機的連帯を生み出す「職業」という考え方です。

この「場」をめぐる議論は、社会学においてはなじみのある「公共圏」の議論とも重なり

28　「令和4年度　地域に学ぶ『トライやる・ウィーク』指導の手引」(https://www.hyogo-c.ed.jp/~gimu-bo/02tryaru/pdf/01nendo/r4tebiki.pdf)

ます。人々の間で職業の社会的役割の合意がとれず、労働組合が衰退し、職場からユーモアが失われるということは、仕事が「公共的」（public）なものではなく、「私的」（private）なものとなっていくということです。そのなかでは、狭い人間関係（客と労働者）だけが重要であり、さらにそれが経済競争の原理に巻き込まれると、仕事量がインフレーションを起こしていく。「やりがい搾取」とは、公共圏の喪失＝社会の個人化が極限まで広がった末に生み出されたものであり、それを克服することは、公共圏の再生＝「社会」の再生という、より大きな課題へとつながっているのです[29]。

〈第1章のまとめ〉

「やりがい搾取」とは、資本の求める仕事と労働者の「やりがい」が一致することによって、不当な搾取状態が見えにくくなり、労働者が自ら搾取率を高めている状態を言う。

↓「やりがい搾取」は、「無限定」に増えていく仕事に労働者が没入していく状況から生まれやすい。

↓こうした状況をなくしていくために、仕事を、①「何のためにするのか」、②「誰がコントロールするのか」、③「どうやってするのか」の3点から考え直す。

↓①仕事は、客に喜んでもらうためにするのではなく、社会のなかで自らの役割を果たすためにするものである（職業の社会的役割の明確化）↓（仕事内容を社会的に規定することで）仕事の「無限定性」に歯止めをかける。

↓②「職業」をベースにした労働組合を通じて、経営者だけでなく、労働者の声も、職場の運営に反映させる（労働組合の再活性化）↓（労働者が資本家と対等の立場に立つことで）仕事の「無限定性」に歯止めをかける。

↓③職場から距離をとることが可能となるような「ユーモア」を職場のなかに取り入れる

29　社会学者の芦川晋は、ゴフマンの役割距離概念に注目しつつ、それを可能にする「より広い社会」について言及している。芦川は「『より広い社会』があれば、施設や組織の社会統制にもとづいた活動から逸脱した活動を発達させていく余地があるし、社会統制にもとづいた活動から逸脱した相互行為を展開する余地もある」と指摘し、人々は「そうしたより広い社会に相当するものを見いだせなければまがりなりにも自分でいることができない」と論じている。「役割から距離をとれることと『より広い社会』を参照できることは分かちがたく結びついているのであり、個人はたとえ格下げされても自分が一個の人格である余地を見出すことができる」のだ（芦川 2015:71）。

役割距離の議論は、それが可能となる社会の条件にまで広げると、単なる「相互行為論」以上の含意をもつようになり、射程が一気に広がる。芦川が指摘する通り、「ゴフマンは世間で言われているほど、そして自称するほど、相互行為論者とはいいがたい一面があるのかもしれない」（同：46）のである。

（①、②に加え、ユーモアのベースとなる「職業人教育」の実践）↓職場への没入度合いを軽減する。

↓以上により、「無限定」に増えていく仕事に労働者が没入していく状況に歯止めをかけることができる。

↓それは、職場とは別の、「職業」を中心に据えた公共圏をつくり出すことでもある。

コラム①　心地いい「職業映画」としての『ハドソン川の奇跡』

第1章では、『ハドソン川の奇跡』を、「労働組合の再活性化」という観点から見てきましたが、この映画は、職業の社会的役割や「有機的連帯」という観点からも、アメリカ人の理想とする仕事と社会の関係を知るのに、最適の一本となっています。このコラムでは、『ハドソン川の奇跡』を題材に、第1章で見てきたことを、より深めていきたいと思います。

『ハドソン川の奇跡』の描く有機的連帯

映画は、事故当日、事故に至るまでのフライトの様子と、事故後のサリーを取り巻く環境の変化の、二つの時系列が交互に描かれるつくりになっており、舞台は、事故現場であるニューヨークからほとんど動くことがありません。劇中では、様々な種類の職業の人が登場します。「彼らがいて、真面目に働いているからこそ、ニユーヨークという街はうまくいっている」「その象徴が、この救出劇である」というのが、この映画の発するメッセージで、映画自体が、全編を通して、デュルケームの言う、職業を通した「有機的連帯」を感じさせるつくりになっています。ニューヨークという「社会」をひとつの有機体とすると、それを動かす人々の無駄のない動きと、彼らの間の連帯感こそが、この映画を見たときに感じる「心地よさ」につながっています。

売店の店員

まずは、事故に至るまでのフライトの様子を追ったパートを中心に見ていきます。最初に登場するのは、空港の売店でレジ打ちをするインド系の女性、ガーシムランです。彼女とサリーのやり取りを見ていきましょう。

サリー　こんにちは、ガーシムラン。
ガーシムラン　（サリーに向かってニコッと笑う）
サリー　ツナバジルかハム・アンド・チェダー、今日はどちらがオススメ？

ガーシムラン　ツナバジルよ、サリーさん。とても新鮮なの（冷蔵庫から取り出してサリーにサンドイッチを渡す）。
サリー　（代金を渡しながら）ありがとう。
ガーシムラン　上空では気をつけてね。今日はとても寒いから。
サリー　いつ、私の便に乗りに来るんだい？
ガーシムラン　（釣銭を渡しながら）ＵＳエアウェイズがハイデラバード行きのフライトをはじめたらね。
サリー　（去り際に、わざと真面目くさった表情で）会長に話して、何ができるか考えてみよう。
ガーシムラン　（笑ってサリーの方を見ながら、レジにお金をしまう）

何気ないやり取りですが、「売り場の店員」という職業の役割と、それに対するサリーの感謝の気持ち、ふたりの間の親密な様子が見て取れるシーンです。性別も人種も、階層も異なるであろうふたりが大都市のニューヨークの日常生活のなかで親密になることは、まずないでしょう。彼らは、お互いの職業の果たす役割を認め合うことで、職業を通して連帯感をもつわけです。日本人の目から見ると、「ありがとう」と言うのはサリーの側だけで、必要なことしか話さないガーシムランの態度はぶっきらぼうに見えるかもしれません。しかし重要なのは、彼女が自分の判断でオススメのサンドイッチを提供するように、自らの意思をもって店員という職業を務めているということです。これこそが「有機的連帯」であり、「バラバラになった個人を結びつけるもの」とデュルケームが期待したものだと言えるでしょう。

サリーが去った後、後に事故を起こすことになるフライトに搭乗する母娘がこの売り場に来店するのですが、ここでは、土産を買うことがいかに旅行にとって重要かをめぐって、母娘間の微笑ましいやり取りがなされます（結果的に、ふたりは土産のスノードームを買います）。このシーンもサラッと挿入されているので目立ちませんが、空港の売店（とそこで働く店員）が人々の「旅行」という行為においてもつ意味を示すものとして捉えれば、ガーシムランの仕事の社会的役割をひとつ付け足したシーンとして、納得できるでしょう。

この調子で、劇中、サリーと関わるかたちで様々な職業が出てくるのですが、イーストウッド映画に特有の速いテンポが生み出す独特の「スピード感」が、それぞれの仕事に対する過剰な意味づけを排する、絶妙な「味付け」として機能していま す。「この職業はこの役割です、この職業はこの役割です、この職業はこの役割で す、この職業は……」と、ドライに、テンポよく映画が続くからこそ、「彼らがい るから、ニューヨークという街はうまく行っているのだ」という全体のメッセージ が効いてくるのです。

キャビンアテンダントとグランドスタッフ

売店の店員のガーシムランに続いて登場するのは、サリーとともに働くキャビン アテンダントやグランドスタッフたちです。彼女らの動きはキビキビと無駄がなく、 時には客に対して厳しく対応することもあります。

彼女らの登場する最初の印象的なシーンが、搭乗手続き後に急いでやってきた親 子の3人組に対する対応です。搭乗ゲートにいるエミリーははじめ、「搭乗は終了 しました」と言い、厳しく対処しますが、3人組に懇願されて、別々のシートにな りますよと言いつつ、搭乗を認めます。

彼女の判断がそうであるように、この映画では、それぞれの場所で、それぞれの人が、自分の責任において、自分で決断して、自分の役割をこなしていく様子が、「よき職業人」のあり方として描かれます（その決断の最大のものが、サリーの下す、ハドソン川への着水の決断です）。サリーの側に立つ人で、自分で決められず、「上に確認します」という人はおらず、それぞれが誇りをもって、自らの職業に従事している様子が描かれます（一方、サリーと敵対するＮＴＳＢの人たちは、常にまわりと目配せをしつつ、顔色を窺いながら仕事をしている様子が描かれます）。デュルケームの言う分業は、「自律しつつ依存し合う」という特徴をもつものですが、この映画では、特に前者の「自律」の重要性が強調され、それこそが、働く者同士の連帯を生むものであることが示されるのです[30]。

次のシーンでは、彼女らは、フライト前の安全確認のために乗客の見回りをします。（電子機器を指さして）「その電源を切って」、（テーブルを指さして）「テーブルを上げて」と、乗客に指示を出すキャビンアテンダントの態度は、第1章で見たスカイマーク社のサービスコンセプトがバッシングされてしまうような日本の「常識」から見ると、無礼なものに映るかもしれません（もっと愛想をよくしろと思う人もいることでしょう）。しかし、この物語における彼女らの役割は、愛想よくすることではなく、乗客の安全を確保することにあります。彼女らはその後、バードストライクが起きた際には、慌てふためく乗客たちに対して、事故の前と同じようなクールな口調で指示を出し、彼らを落ち着けます。そして、いよいよ飛行機が本格的に揺れ出し、サリーから「衝撃に備えよ！」というアナウンスが出されると、一斉に、大声で「Brace, brace, brace!（身構えて！）Heads down!（頭を下げて！）Stay down!（しゃがんだままで！）」と何度も叫び、乗客たちが身の安全のためにすべきことを、分かりやすく、明確に指示するのです。ハドソン川に着水した後も、彼女らは乗客の脱出のためにすべきことを冷静にこなし続け、最終的に全員を飛行機の外に出すことに成功します。「乗客の安全確保」という、彼女らの職業に求められる社会的役割は、十分に果たされたわけです。

映画のラスト近く、査問会のなかで、サリーは副操縦士のジェフの名前の後にキャビンアテンダントの名前（ドナ、シーラ、ドリーン）を一人ひとり挙げ、彼女らに感謝します。ここに見て取れるサリーとキャビンアテンダントたちの関係も、ガーシムランとサリーの関係と同様、互いの役割を尊敬し、信頼し合う「有機的連帯」と呼ぶことができるでしょう。

職業と社会のあり方の理想像

着水の後、沿岸警備隊が救助に駆け付けます。彼らの後を追うように、警察のヘリコプターやフェリーも来るのですが、特に印象的なのは、ニューヨークの街も画面に入れつつ、何台もの船やヘリコプターが着水した飛行機に向かっていく場面です。ニューヨークで働く人たちが連携しつつ、起こった事故に対処している。このシーンは、人々の分業が社会を成り立たせているという「有機的連帯」のあり方を映像上で表現したものと言えます（ところどころではさまれる「ＮＹＰＤ（ニューヨーク市警察）」や「NY WATERWAY（ニューヨークのフェリー会社）」の文字も、彼

30　デュルケームの社会学理論では、人々の「自律」をもたらすものは、うまく機能している「社会」であって、「個人主義」を擁護することは「社会」を擁護することにつながる。そのことは、２０２１年に出版された最新のデュルケームの「命題集」である『社会学の基本　デュルケームの論点』（学文社）においても、繰り返し強調されている。「人格崇拝と道徳的個人主義」の項においては、「神聖なものは人間性であり、それは具体的個人を起点に導出されるものではない。個人の人格の神聖性は、社会の神聖性に由来する」（山田 2021：130）ことが指摘され、コラム「ドレフュス事件」においては、「個人とは社会のつくり出す理念であり、ドレフュス個人の権利を擁護することは、フランス社会の理念を擁護することである」と、デュルケームの立場が記されている（北垣 2021：141）。『ハドソン川の奇跡』は、デュルケーム流の個人と社会の関係を理解する最適の「教材」と言えるだろう。

らとニューヨークの結びつきを示すのに効果的な表現となっています）。

その後も、起きた事故を伝えるアナウンサー、凍えそうな乗客たちを搬送する救急隊員（事故が起きたのは1月のとても寒い日でした）、サリーの診断をする医師、その夜、サリーの泊まるホテルで対応するホテルの従業員など、次々と働く人々が出てきて、各々が自身の役割を果たしつつ、この大きな事故に対応していく様子が描かれます。彼らの描かれ方も終始クールで、誰も慌てたり、パニックに陥ったりしません（サリーもそれぞれの「職業人」たちに（さりげなく）敬意を表することを忘れません）。

『ハドソン川の奇跡』を通じてイーストウッド監督が描きたかったのは、働く人々の分業とお互いへの敬意、その有機的な連帯が社会をつくりあげていくのだという、理想的な職業と社会のあり方だったと言えます[31]。必要なピースが一つひとつ、正しい場所にはめられていくような、この映画の「心地よさ」のベースにあるのは、仕事を俯《ふ》瞰《かん》して、社会のなかで見ていくという視点です。社会のなかでの役割が明確であるからこそ、個人は誇りをもって、自由にふるまうことができる。デュルケームから現代アメリカに引き継がれる、「個人」を守るための分厚い「社会」へのこだわりは、今の日本の仕事を取り巻く環境に欠けているもので、それこそが、この映画を現在、見ることの意義なのだと思います。

31　登場人物たちが劇中、ところどころで発する「ユーモア」も、登場人物たちが「職業人」として安定しているからこそのものである。ガーシムランとのやり取りからも分かるように、サリー自身、ユーモアあふれる人物と描かれているが、出発前のキャビンアテンダントたちの冗談の言い合いや、感極まってサリーに抱きつくホテルの従業員の微笑ましいシーンなどからは、イーストウッドが、職業人にとって、ユーモアをいかに大切と思っているかを知ることができる。その決定打が、査問会でのサリーの感動的なスピーチの後、映画のラストで発せられる、副操縦士のジェフの以下の冗談である。この冗談で会場中が笑い、ジェフとサリーが微笑み合うところでこの映画は終わる。

エリザベス・デイヴィス（NTSB）　副操縦士のスカイルズさん、何か付け足したいことはありますか？
　もう一回（着水を）しなくてはならなくなったら、違うようにしましたか？

ジェフリー・スカイルズ　（神妙な面持ちで）はい。7月にすべきでした。

第2章　池井戸潤と戦後ヒューマニズム

生活者を生産者の対立概念として考えることには無理がある。（山口二郎）

1．はじめに

本章では、『半沢直樹』シリーズで知られる池井戸潤の作品を通して、「職業人」のあり方について考えていきます。池井戸作品は、理不尽な組織の論理に苦しめられる（もしくはそれをうまく利用して立ち回る）サラリーマン＝組織人と、仕事に関してそれとは異なる理念を持って生きる職人的な人物という二項対立を物語の中核に据えていることが多く、一見、後者は、本書で言う「職業人」のように見えます。しかし、池井戸作品で理想的に描かれる職人的な仕事の考え方には、生産者＝労働者の視点が希薄であるため、彼らは容易に、第1章で見たような「お客様至上主義」や「やりがい搾取」に呑み込まれてしまう危険性があります。池井戸作品に足りないものを見ることで、現代日本で「職業人」について考える際の「落とし穴」を明らかにすることが、本章の目的です。

２．「追い込まれ型エンタテインメント」としての池井戸作品

池井戸潤は、１９６３年岐阜県生まれの小説家です。２００４年に刊行された『オレたちバブル入行組』と２００８年に刊行された『オレたち花のバブル組』を原作とし、２０１３年に堺雅人の主演でテレビドラマ化された『半沢直樹』が大ヒットして、一躍、国民的な流行作家になりました[32]。池井戸作品は、２００６年に刊行された『空飛ぶタイヤ』（２００９年に仲村トオル主演でテレビドラマ化、２０１８年に長瀬智也主演で映画化）や２０１０年に刊行された『下町ロケット』（２０１１年に三上博史主演、２０１５年と２０１８年、２０１９年に阿部寛主演でテレビドラマ化）、２０１２年に刊行された『七つの会議』（２０１３年に東山

32　２０１２年に刊行された『ロスジェネの逆襲』と２０１４年に刊行された『銀翼のイカロス』を原作とし、２０２０年に再び堺雅人の主演でテレビドラマ化された『半沢直樹』も大ヒットを記録した。

紀之主演でテレビドラマ化、２０１９年に野村萬斎主演で映画化）の例からも分かるように、様々なメディアで大規模に展開されることが多いので（他にも多くの作品がテレビドラマ化、映画化されています）、ほとんどの人が一度は目にしたことがあると思います。

池井戸作品は、「サラリーマン社会における疎外と働くことの意味を問うた作品」と特徴づけることができます。そこでは、「疎外状況にある大企業のサラリーマンvs.働く意味を忘れていない零細企業の労働者（経営者）」という対立図式が用いられ、両者がギリギリまで追い込まれていく姿を描くことで、読む者（観る者）の気持ちをグイグイと掴んでいきます。それらの作品は、優れた「追い込まれ型エンタテインメント」と呼ぶことができるでしょう。

しかし、こうした「追い込まれ」の描き方も、リアリティがなければ、読者の共感を呼ぶことはできません。池井戸作品の肝は、登場人物の置かれた状況の圧倒的なリアリティで、特に本人のサラリーマン経験から来る組織に縛られるサラリーマンの描かれ方は秀逸で、その臨場感こそ、池井戸人気の秘訣であると思われます。

3．池井戸の描く組織人の苦悩

池井戸作品におけるサラリーマンの描かれ方を理解する上で、まず知っておかなくてはならないのは、日本的な福祉システムのあり方です。戦後日本の福祉のあり方は「企業福祉」と「家族福祉」によって特徴づけられます。「男性が世帯主として企業で働き、女性が家庭を守る」という性別役割分業をベースにして福祉の制度がつくられてきたため、そこから外れた人に対する福祉が他の先進国と比較して脆弱です。それに、年功序列と終身雇用に特徴づけられる「日本型雇用慣行」が組み合わさって、戦後日本のサラリーマンは、「会社にクビを切られたら（会社が潰れたら）一家が路頭に迷う」という不安とともに生きることになりました。

池井戸作品に登場するサラリーマンたちも、まさしくこうした状態に置かれています。たとえば（池井戸作品にたびたび登場する）配偶者が専業主婦で、子どもがまだ小さくて教育費もかかる、だから、理不尽な組織の論理に従わざるをえないという状況に関して、読む者が「仕方がない」と思えるのは、こうした社会背景があることを理解しなくてはいけません

（転職が容易で、社会福祉が充実していて、性別役割分業も弱い国であるならば、こうした設定にリアリティはなかったでしょう）。自分の生活が「人質」に取られているがゆえに、従順な組織人にならざるをえない。この切迫した状況の描写の秀逸さこそ、池井戸作品に多くの人が共感する理由であり、彼がベストセラー作家になりえた理由のひとつなのです。

たとえば、２００９年に発表され、直木賞の候補となり、吉川英治文学新人賞を受賞した傑作、『鉄の骨』（池井戸 2009）では、ゼネコンに勤める主人公の富島平太が、企業間の「談合」に引きずり込まれていく姿が、見事に描かれています。彼は最初、犯罪行為に怒りを覚えていましたが、組織が生き残るため、組織のなかで自分が生き残るためには仕方のない「必要悪」であると、苦悩しつつも徐々にそれを受け入れていきます。作品のなかでは、平太の勤めるゼネコン（一松組）が、年功序列、終身雇用、部署間の移動が頻繁にある典型的な日本型雇用慣行の企業で、彼女との結婚を考えていることなど、彼が会社を辞めるわけにはいかない事情も描かれます。

また、２０１３年のテレビドラマ『半沢直樹』で強烈な印象を残した、大手銀行（東京中央銀行）に勤める近藤直弼（滝藤賢一が演じました）も、無理なノルマを上司に求められ、その不条理さに怒りをため込みつつ、最終的には統合失調症を患ってしまいます。しかし、それはすべて家族のためで、一流大学を卒業し、大手銀行に就職し、その稼ぎを頼られて「一家の大黒柱」となった彼に、会社を辞めるという選択肢はありませんでした（彼は復職後も、自らの保身のため、上司の理不尽な要求を呑み、組織の改革を目指す友人の半沢を裏切ります）。

しかし、彼らの姿は、ただひたすら否定的に描かれるわけではありません。池井戸作品の特徴は、サラリーマンたちがそうした理不尽さをも受け入れ、仕事に臨むことの（ときにナルシスティックな）肯定です。自分たちは間違っているかもしれない。しかし、「清濁併《せいだくあわ》せ呑む」ことこそが組織人の成熟した生き方であると描くことで、「悪にも理がある」とするところが、池井戸作品が人々にここまで支持される理由です。

たとえば、『鉄の骨』においては、談合の問題を指摘し、平太を糾弾するエリート銀行員、園田俊一が、事情を知らないのに「上から目線」で発言する「悪者」として描かれます。確かに平太は間違っているかもしれない。しかし彼なりに頑張っているし、それこそが日本のサラリーマンの生き方なのだという、互いを憐れむ「憐憫《れんびん》の情」をテコにした「共感の共同体」（酒井直樹）[33]に読者をいざなう点こそ池井戸作品の特徴で（『半沢直樹』の近藤直弼も、そ

33　酒井直樹によると、「共感の共同体」とは、個人と集団を融合同一させる「集合的な自己憐憫の空想」のことである（酒井 2007:20）。

の悲劇性と憎めない性格から、人気のキャラクターとなりました[34]、だからこそ、読者は悲しい運命の登場人物たちに自らの姿を重ねつつ、読み進めることができるのです。

池井戸作品は、会社にしがみつく生き方しか許されなかった組織人＝サラリーマンたちの悲哀を描き切ることで、戦後日本の「会社社会」の姿を描写しました。その意味で、良質な「社会派エンタテインメント」と言えるでしょう。

4．官僚主義に対抗する「生活者主義」

一方、池井戸作品において、組織の論理にのっとって行動する組織人の対極にあるものとして登場するのが、「職人」的な気質をもった登場人物たちです。彼らは強大な組織（大企業）に立ち向かい、自らの仕事に対する信念を貫き通します。池井戸作品のなかには、彼らを主人公に据えた作品も多く、そうした作品の場合、読者は彼らを応援する気持ちで、作品を読み進めることになります。

彼らの理念のベースにあるのは、「生活者主義」です。彼らは株主や経営者や同僚たちではなく、顧客の方を見ながら働いており、それを、自らの仕事の美学としています。彼らは、「組織人」に対抗する存在として登場するのですが、それは、硬直化した「官僚制組織」への批判でもあります。

　社会学者のロバート・K・マートンは、「目標の転移」「人間関係の非人格化」という概念を用いて、官僚制組織の特徴を説明しています。

「目標の転移」とは、官僚制的な組織のなかで「心情の重点の置き処が組織の目的から転じて、規則上要求されている行動の特殊なデテールの方へ移ることがある」ような、「手段的価値が終極的価値となってくる」状況のことを指しています（Merton 1957=1961:182-183）。

34　『半沢直樹』の最終回、裏切った近藤のことを半沢が許す場面は名シーンである。半沢は近藤に次の言葉をかける。

　近藤、生きていくって……大変だな。ときどき思うよ。なんで銀行員になんかなっちまったんだろうって。ノルマはきついし、同僚とする話は、いつも金や人事のことばかりだ。転勤はつきもので、そのたびに家族にはつらい思いをさせる。１つでも汚点を作ればすぐに出向だ。

　半沢は、銀行員の組織人としての不条理さを、同じ組織人として理解し、近藤のことを許したのである。ここで見られるのも「憐憫の情」から成る「共感の共同体」である（このシーンは、番組のＳＮＳでも『半沢直樹』の名シーンのひとつとして挙げられている。https://www.facebook.com/hanzawa.naoki/posts/2392960028905500/）。

池井戸作品に登場するサラリーマンたちの多くは、本来の仕事の目標を忘れ、組織のなか(もしくは組織間)での細かな権力争いに明け暮れている、まさしく「目標の転移」をして「初心を忘れた」者として描かれています。

その結果、彼らは、組織内のことには気を使うが、顧客に対しては、(組織内の事情を最優先した)ぞんざいな態度をとりがちになります(「人間関係の非人格化」)。「顧客にとっては時に大いにパースナルな意義をもった事件も、ビューロクラシー(官僚制組織：引用者注)の職員によってインパースナルに取扱われるので、彼らは『横柄』で『尊大』だという非難がおこる」(同：186)と、マートンは述べていますが、まさしくこのような態度は、池井戸作品では、組織人の特徴としてしばしば描かれます(危機的な零細企業の経営者の融資のお願いを冷たくあしらう銀行員たちは、池井戸作品には定番の「悪役」となっています)[35]。

「組織の論理」のなかで生き、顧客のことを軽視する悪しき組織人たちとは対照的に、池井戸作品に登場する「職人気質」の人物たちは、「目標の転移」をせず、本来の組織の目標、仕事の目標を忘れずに、日々、努力している人々と言えます。彼らは、官僚主義の弊害を克服しうる存在で、彼らが考える仕事の「本来の目標」の中心にあるのが、「人間関係の非人格化」を行わずに顧客と向き合う「生活者主義」なのです。

5.「生活者主義」の職人たち

たとえば、『陸王』の主人公、宮沢紘一は、老舗《しにせ》の足袋製造会社、こはぜ屋を営む４代目の社長ですが、彼は、これまでの会社の技術を生かしてランニングシューズの開発に乗り出します。ライバルの大手企業、アトランティスの社員が、顧客（ランナーたち）に寄り添わず、会社の利潤のみを追求する「悪役」として描かれるのに対し、宮沢は、ランナーたちに寄り添い、会社の利潤のことは二の次で彼らのために尽力する「善人」として描かれます

35　ただし、そのような態度は、組織の内部においては、当然のものとして受けとられている。マートンは次のように述べる。

顧客が抗議して、他の係りの処へ訴えていっても、無駄なことが多いし、また先に述べた集団精神（利害を共通にする職場集団の仲間意識のこと：引用者注）がそういうことは大抵頭からうけつけない。この集団精神によって、係りの者達は多少とも連帯的な内集団に結合しているからである。(Merton 1957=1961:187)

仲間同士で連帯して組織の問題を隠蔽する官僚制組織の問題点は、現在でも様々な「スキャンダル」を通して、顕在化することが多い。

（この作品には、利潤追求のみを考える銀行員も、池井戸作品におなじみの「悪役」として登場します）。宮沢の熱意に動かされ、彼の考え方に賛同する人が増えるなかで、最終的に、こはぜ屋がアトランティス社に勝利するところがこの作品のクライマックスで、それは、「生活者主義」が「官僚主義」に打ち勝つ瞬間でもあります。宮沢の放つ、次の言葉は、まさしく彼の信念を表現しているもので、本を読み進めていくと、こうした言葉が胸に響きます。

> 金儲けだけじゃなくてさ、その人が気に入ったから、その人のために何かをしてやる。喜んでもらうために何かをする。ギャラがこれだけだから、これだけしかしないという人もいるけど、そうじゃないんだな。カネのことなんかさておき、納得できるものを納得できるまで作る（池井戸 2019:499-500）[36]

また、企業内の不祥事をめぐるミステリー小説である『七つの会議』に登場する、脱サラして移動ベーカリーを営む三雲英太も、企業内の人間関係に翻弄される他の登場人物と対比的な、「職人」的な登場人物として描かれます。彼の目標はおいしい商品を顧客に提供することで、舞台となる会社の社員である浜本優衣は、彼のその考え方に感化され、「誰かのためになる仕事」をしたいと思い、社内のドーナツ販売所の設置のために奔走します。

その結果、三雲と浜本は社内でドーナツ販売をはじめることに成功するのですが、無人のドーナツ販売所でドーナツの盗難事件が連続で発生してしまいます。その犯人は、優衣の元不倫相手の新田雄介だったのですが、彼は社内の人間関係にストレスを感じ、そのことにのみ汲々《きゅうきゅう》としている憐れな人物として描かれます。ここでも、三雲、浜本の「顧客主義」と新田の「官僚主義」が対比され、前者の素晴らしさが強調されます。優衣は最終的に会社を辞めるのですが、ドーナツ販売を通じて、はじめて仕事をすることの「やりがい」を得ます。優衣の次の言葉は、彼女の考え方を象徴するものです。

> みんな気づかなかったんですよ。もっと自分たちの職場環境をよくしていく知恵があるってことに。これは小さなことかもしれませんが、みんなの心が豊かになって、この会社を少しでも好きになれるかもしれない。経営的必然性とかいわれても、正直、難しくてよくわかりませんが、数字やお金に現れないことにも大切なことってあるんじゃないですか

36　『陸王』の文庫化を記念する集英社のサイトでは、この言葉（の一部）以外にも、『陸王』の名言が紹介されており、作品の世界観を理解することができる（https://lp.shueisha.co.jp/rikuoh/）。

（池井戸 2016:145-146）

6．消費者の逆襲　――やりがい搾取とカスタマーハラスメント

しかし、第1章で見た「やりがい搾取」の文脈に照らし合わせると、宮沢や三雲、優衣らのもつ、顧客を重視した仕事の「やりがい」は、資本によって利用される危険性もあります。また、（こちらも同章で見た）「カスタマーハラスメント（カスハラ）」においては、「顧客の暴力」と、それを許容せざるをえない社会のあり方が問題となっていました。池井戸の作品を読み進め、宮沢や三雲、優衣らの姿勢に感動しつつも、何かしら心にひっかかりを感じてしまうのは、「顧客主義」の裏側にあるこうした問題に、私たちが気づいているからかもしれません（宮沢や三雲のもとで働けと言われたら、「社長の理想は立派だけど、ブラック企業かも……」と躊躇《ちゅうちょ》してしまう人は少なくないでしょう）。

見方を変えると、池井戸作品で理想的に描かれる職人気質の登場人物たちは、消費社会における新たな「組織人」のあり方とも言えるでしょう。池井戸作品のベースにある対立図式

は、「お客様を大切にしない組織人」対「お客様を大切にする組織人」と言えるかもしれません。第１章で見た「やりがい搾取」や「カスハラ」の文脈では、「お客様を大切にする組織人」の行き過ぎこそが問題とされたのです。

7．戦後ヒューマニズムを超えて

こうした対立図式の「雛型」と呼べるのが、１９５２年の映画、『生きる』（黒澤明監督、黒澤明・橋本忍・小國英雄脚本）です。市役所に勤める主人公の渡邊勘治（志村喬）がつまらなそうに「お役所仕事」をしているところから、この物語ははじまります。胃癌におかされ、余命が短いことを悟った渡邊は、生きる意味を模索し始め、最終的に、住民からの陳情で訴えられていた公園をつくることに残りの人生を懸けます。

この映画では、住民からの訴えを無視し、組織の存続のためだけになされる仕事（山のように積まれた書類にはさまれながら渡邊が仕事をする場面は有名です）が、硬直化した「官僚制度」の象徴として批判され、それに対して、住民のために必死に働く渡邊の姿が、ヒューマニスティックに描かれます。組織のためではなく、住民のために仕事をする渡邊の物語は、その完成度の高さと評価の高さから[37]、多くの同様のテーマの作品を生み出すことになりました。池井戸作品は、こうした「戦後ヒューマニズム」の最新型と言うことができるでしょう。

組織のことしか考えない「お役所仕事」はもちろん問題です。それを克服すべく「生活者主義」が唱えられるのも理解できる。しかし、それは、「やりがい搾取」と「カスタマーハラスメント」に結びつく危険性を孕《はら》んでいます。政治学者の山口二郎は、生活者主義の限界について、次のように論じています。

> 90年代前半の改革論は、まだ楽観的なものであった。先に述べたような新中間大衆社会論の余韻の中で、バブル崩壊後の改革が論じられていたのである。その中の大きな特徴は、生産と生活を対立概念として捉え、生産、あるいは生産者の価値観や利害を中心とした政治が、経済のひずみや生活の質の低さをもたらしたという問題認識が人口に膾炙《かいしゃ》していた点である。（…中略…）生活者の声を反映させるために、政治改革が必要とされた。また、消費者の利益を優先するために、市場原理の解放を基調とする経済システム改革が必

要とされた。そこではいわば、市民主権と消費者主権とが予定調和的に結合していたと言うことができる。（…中略…）私自身は九三年に出版した『政治改革』という本の中で、生活者新党に対して懐疑的な見解を述べていた。その理由として、「人間は生産に携わって生活の糧を得て、消費をする。だから生活者を生産者の対立概念として考えることには無理がある。生活の糧を安定的に得るためには、生産者の側に立った政策というものが必要となる」と主張している。後の展開を見れば、生活の糧を得るための生産の現場において、雇用が不安定化し、生活自体が困難になっていったわけで、生活者新党のビジョンが楽観的な前提に依拠していたことが明らかになる。（強調は引用者、山口 2007:117-119）

山口の言う通り、現在、私たちは、生産（企業）と生活（客）を対立させるやり方ではな

37　『生きる』は、監督である黒澤明にとっても、脚本家である橋本忍にとっても、主演の志村喬にとっても、代表作のひとつであり、高く評価された。国内では、キネマ旬報ベスト・テンの日本映画部門で1位、毎日映画コンクールで日本映画大賞を受賞し、海外でも、ベルリン国際映画祭で金熊賞にノミネート（黒澤明）、英国アカデミー賞で外国男優賞にノミネート（志村喬）された。今も人気は衰えず、２０１８年には市村正親と鹿賀丈史の主演（ダブルキャスト）でミュージカルにもなった。また、２０２２年にはイギリスで、カズオ・イシグロによる脚本でリメイク作品がつくられた。

く、別のかたちで仕事について考えなくてはなりません。その際に求められるのは、生活者と生産者の双方が共存する場所（＝社会）での仕事のあり方に関する合意＝「職業」という考え方です。生産者と消費者が対立するのではなく、ともに社会における仕事の役割について考えるような、そんな公共圏の構築こそ、ポスト「戦後ヒューマニズム」の仕事のあり方を構想するために、求められているものでしょう。

〈第2章のまとめ〉

『半沢直樹』シリーズで知られる池井戸潤の作品は、サラリーマン＝組織人と、彼らと対極的な理念をもつ職人的な人物という二項対立が、物語の中核にある。

↓組織人の描き方に関してはリアリティがあり、彼らが組織の論理に絡め取られていく「追い込まれ型エンタテインメント」として、池井戸作品は秀逸である。

↓一方、それとは対極にある職人的な登場人物の描き方に関しては、生産者（企業）と生活者（客）の対立を前提としているため、生産者の視点が乏しく、第1章で見た「やりがい搾取」や「カスハラ」の問題に対抗しうる「対抗言説」となりえていない。

↓こうした仕事の描かれ方は、「戦後ヒューマニズム」と呼ぶべきものである。

↓戦後ヒューマニズムから脱却し、生産者と消費者がともに職業の社会的役割について考えるような公共圏を構築していかなくてはならない。

コラム② 「汚れ仕事」のユーモアとシニシズム

――ダーティー・ワーカーの「不真面目さ」を受け入れる

第1章でも軽く触れた『ダーティー・ワーク（*Dirty work: The social construction of taint*）[38]』は、10種類の「汚れ仕事《ダーティーワーク》（dirty work）」についてのエスノグラフィーを集めた論文集です。２００７年にアメリカで刊行されました。この本の目的は、「汚れ仕事」に就く人々（ダーティー・ワーカー）の実態を理解することで、社会がうまく機能するために不可欠なこうした仕事の持続性《サステナビリティ》を高めることです。

汚れ仕事は、「人々が混乱に陥ることなく慣れ親しんだ生活をおくるためには欠かせないもの」（以下、本コラムの翻訳はすべて引用者、Mills, Drew, Gassaway 2007a:1）である。しかし、仕事中に冗談を言い合ったり、不愛想になったりというような、彼らが自らの仕事の「汚れ」に対応すべくとっている言動は、一般の人からは、「否定的に評価されたり、誤解されたりする可能性が高い」（Mills, Drew,

Gassaway 2007b:239)。だから、私たちは彼らがなぜ、そのような言動をとっているか理解する必要がある。労働者の、一見「不真面目」な言動に対して、その意味を深く考えず、「不謹慎だ！」「仕事を何だと思ってるんだ！」などと攻撃してしまいがちな現代の日本社会において、この本を読むことは、そうした短絡的な思考のあり方を見直す、よいきっかけとなると思います。

仕事の「汚れ」とは何か？

この本で紹介される「汚れ仕事」とは、判事、検事、弁護士など法曹界の職業（1章）、看守（2章）、消防士（3章）、トラック運転手（4章）、秘書（5章）、看護師（6章）、ケアラー（7章）、犯罪現場捜査官（8章）、警察官（9章）、法医学医（10章）です。これだけを見ると、「この仕事のどこが汚れ仕事なんだ？」と思われそうな仕事も混じっています。そこで最初に、この本で言う仕事の「汚れ」についてまとめておきましょう。

38　副題の訳は「汚れの社会的なつくられ方」である。

まずは「身体的な汚れ（physical taint）」です。これは、日本で言うところの「3K（きつい・汚い・危険）」の仕事のことと思ってもらえればよいでしょう。この本では、「身体的な汚れは、泥やゴミ、汚物や死や体液、もしくは危険な状況と関連した仕事において見られるものである」（Mills, Drew, Gassaway 2007a:4）と説明されています。

続いて、「社会的な汚れ（social taint）」です。これは、仕事をする上で避けられないきつい人間関係のことを指しています。「社会的な汚れは、労働者が、彼らの仕事が他人に対する媚びへつらい（メイドなど）やスティグマ化された人々（犯罪者など）との恒常的な接触を要求するものであるときに直面するものである」（同：4）と、この本では説明されています。対人サービスを伴う業務に多く見られる「汚れ」です。

最後に、「道徳的な汚れ（moral taint）」です。これは「職業が一般的に何かしら罪深かったり徳が疑われるようなものであったりするときにあらわれるものである」（同：4）と説明されています。「道徳的な汚れ」については、道徳観は社会によって大きく異なるので、「身体的な汚れ」や「社会的な汚れ」と比べ、日本人には理解しづらい部分もあります。

このような「汚れ」に対応するための労働者の様々な戦略（taint-management strategies）が、この本では紹介されます。このコラムでは、そのなかから、この本で特に多く紹介される、ユーモアの活用とシニカルな態度について見ていきます。この両方を大事にするアメリカ人の仕事観から見えてくるのは、本書で繰り返し強調している「社会のなかに仕事を位置づける」＝「職業」という考え方の重要性です。

ユーモアの活用

まずは一つ目の戦略である「ユーモアの活用」について見ていきましょう。きつい仕事の「汚れ」は職場に緊張感をもたらします。そんなとき、笑いによってその緊張感を緩めるのは、重要な「汚れ」への対応戦略のひとつです。

たとえば、2章で扱われる看守は、「身体的な汚れ」（囚人に大便を投げつけられたり襲われたりするリスクがある）、「社会的な汚れ」（罪を犯した者に対してサービスをする仕事である）、「道徳的な汚れ」（刑務所のなかでいかがわしいことをしていると思われている）の三重の「汚れ」のなかで働いていますが、彼らのユーモアとして、以下のような自虐的な冗談が紹介されています。

> ある看守が別の看守に、「なあ、俺らの平均寿命って57歳だって知ってたか？」と言った。ここで言われている「57歳」は、看守の平均寿命である59歳（Cheek 1984）を実際は2歳下回っているという点が重要なのかもしれない。つまり、看守たちは彼らの寿命の短さを強調し、それを笑っているのだ。（Tracy & Scott 2007:46）

また、6章で扱われる看護師も、「身体的な汚れ」（悪臭に苦しんだり、身の危険を伴いかねない体液などに触れたりしかねない）、「社会的な汚れ」（患者の世話や医師の補助など、従属的な性質をもつ業務が多い）、「道徳的な汚れ」（ポルノなどで性的な存在として表象される）のなかで働いていますが、彼女らの「身体的な汚れ」に対処するためのユーモアとして、以下のようなものが紹介されています。

> （看護師たちの使う：訳者注）専門用語は、部外者を仕事の身体的な汚れから守るため、あるいは困難な状況においてユーモアを生み出すために使われることもある。「尻塵（ブーティ・ダスト）」とは、看護師がベッドのシーツで見つけたり、患者がおならをしたりした後の「風」に乗って飛んでくる、乾燥した糞便の破片のことである。「コードブラウン」とは、死後間もない患者で、筋肉が弛緩して腸の内容物が放出された状態のことを指す。家族がお別れを言う前に、看護師がきれいにするのが一般的である。（Mills & Schejbal 2007:122）

しかし、看護師たちのユーモアは、時に人々が眉をひそめるようなものでもあります。この本では、看護師たちがカフェで仕事上の冗談を言い合っていた際のエピソードが紹介されています。

> ある看護師は、友人たちとカフェで夕食をした際、その会話が他の客の迷惑になるという理由で退店するよう言われたことを教えてくれた。彼女は自分たちの仕事上の会話の影響を十分に理解しておらず、社会的に排除されたように感じた。

（同：122）

仕事のなかできついことがあったときに冗談を言い合って笑う。そうすることで何とか状況をやり過ごし、仕事を続けることができる。「汚れ」に対応するための一つ目の戦略が以上で見てきたユーモアで、これについては、上で挙げた例以外にも、ほぼすべての職種において紹介されています。この本のなかでもっとも重要視されている戦略と言えるでしょう。

シニカルな態度

続いて、二つ目の戦略である「シニカルな態度」について見ていきましょう。シニカルとはさめた目で世の中を捉えることで、一歩引いたところから冷笑的に自分の仕事を見る姿勢が、仕事の「汚れ」から身を守る戦略として紹介されています。

先にも紹介した看守の仕事については、彼らが自らの仕事の「汚れ」をなかなか払拭《ふっしょく》できないという失望感に対処すべく、シニカルな態度をとっていることが指摘されています。

> 看守たちは、自分たちがこのシステムの小さなひとつの歯車に過ぎないと思うことで、こうした幻滅に対処していた。実際、彼らが問題であると思っていても、その方針や手順を変える力を彼らはもっていない。結局は、単に「ルールに従い」、「仕事をこなす」しかないのである。(Tracy & Scott 2007:45)

また、本来は有罪であるはずの人を無罪にするかもしれないという「道徳的な汚れ」を背負っている弁護士の仕事については、その過酷な現実に対して幻滅しつつ、それを愚痴る、ある弁護士の発言が紹介されています。

> 彼女は、毎日対応している人々のおかげで自分がどれだけシニカルになっているかについて語った。

> 私はこのような「下位文化」が存在するなんて知りませんでした。私はカトリックの家庭で育ち、学校ではいい成績をとり、そうした文化に触れることはあ

りませんでした。この辺の小さな町は、覚醒剤の製造所だらけです。メタンフェタミンにはもううんざりです。その単語を聞きたくもない。それは人々を窃盗や偽造、暴行やネグレクト、幼児虐待に向かわせます。本当に吐き気がする！

私は１９８１年の映画『再会の時』の登場人物であるメグを思い出した[39]。彼女は困惑して疲れ果てた弁護士で、友人に、自分の依頼人たちが「こんなに罪深い」とは知らなかったと語るのだ。(Drew 2007:30)

このようなシニカルな態度は、時として、「最低限の仕事しかしない」というような、自らの仕事の対象者に対する冷たい態度として現れることがあります。看守の章では、彼らが囚人に対してとる「距離化（distancing)」という戦略が紹介されます。

看守たちは囚人から物理的に距離をとるために色々なことをしていた。彼らは囚人の6フィート以内に立つことを避け、彼らに背を向けようとしていた。そしてほとんどの看守室は囚人が無断で入ってこられないようにしていた。これらの戦略のいくつかは安全上の理由からとられたものだったが、同時に看守たちが関わりたくない「機嫌が悪く口先だけの」囚人たちから距離を保つために必要なことでもあった。囚人とのアイコンタクトを避けたりサングラスをかけたりすることで距離をとっている看守もいた。さらに囚人との握手が認められているにもかかわらず、彼らとのいかなる物理的な接触も避けている看守もいた。(Tracy & Scott 2007:48)

看守の仕事に関しては、他にも囚人の「人格」を見ないようにする「非人格化(depersonalizing)」という戦略についても紹介されています。ダーティー・ワーカーたちの「塩対応」は、人々の批判の対象となったり、それをもって誤解されたりすることがしばしばありますが、それは、彼らが自らの仕事の「汚れ」がもたらす

39　『再会の時』は、実際は1983年公開の映画である。

しんどい現実を生き延びるための「知恵」でもあるのです。

自分たちの仕事観を考え直すために

最初に見たように、この本の目的は、「汚れ仕事」を含むこの社会をうまく機能させることでした。そのためには、ダーティー・ワーカーたちの、一見、「不真面目」な言動も（ある程度は）受け入れなくてはならない（不謹慎なジョークや不愛想な態度は、彼らのユーモアやシニシズムのあらわれかもしれない）。本書でも繰り返し主張してきた、「お客様ファースト」「生活者主義」の対極に位置する「社会ファースト」「生産者主義」の仕事観＝「職業」という考え方が、この本を貫いています。

私たちは自分たちがつくり出した社会的世界の中で生きていることを忘れないでおこう。他人の仕事に関する自分の思い込みを調べ、心ない言葉には舌打ちし、誰かが「汚れ仕事」をやってくれていることに感謝する。（…中略…）私たちがお互いの違いや仕事を尊重すれば、より友好的でフェアな、そして生産的な世界を社会的に構築することができる。（Mills, Drew, Gassaway 2007b:241）

現在、我々はこうした態度で「汚れ仕事」をする人たちに向き合うことができているだろうか。『ダーティー・ワーク』は、アメリカ人の理想とする仕事のあり方から日本人の仕事観の現在地を捉え直すための格好の資料です。この本を読むと、我々は自らの仕事に対する考え方について、別の文化圏から学ぶことがまだまだあることを思い知らされます。比較文化論は今なお、自分たちの社会をよりよくするための有効な方法のひとつなのです。

第2部　組織を強くする「職業」

第3章　職業人vs.組織人

——脱-組織のマネジメントの重要性

すみません、誰か私たちにしなきゃいけないことをください（KICK THE CAN CREW「ナニカ」[40]）

第1章では「やりがい搾取」の要因とその処方箋について考えてきました。「やりがい搾取」の克服のためには、資本の求める仕事とは別次元の「場」が必要だということを述べてきました。第2章でも同様に、生産者と消費者がともに仕事の社会的役割について考えることができるような公共圏の構築が必要であると述べてきました。しかし、実際に仕事をしていると、そのことは分かっていても、その仕事や環境のもつ誘引力に負けそうになることもあるでしょう。職場は多くの時間を過ごす閉ざされた空間であるため、そこで求められている仕事とは別次元の「場」をもつことを働く人に許さず、彼らをそこに引きずり込もうともします。本章では、「組織人」と「職業人」という二つのキーワードを軸に、私自身の大学教員としての経験を社会学的に分析することで、そうした職場のメカニズムと、そこから逃れる方法について考えたいと思います。

注意したいのは、それは決して経営者にとっても損な話ではないということです。この点は、第1章と第2章ではあまり強調してきませんでした。企業、法人の経営者にとっては、働く人が短期的に求められる仕事のみに呑み込まれないようにするためのマネジメントが重要で、「やりがい搾取」の温床となるような職場文化は、（短期的には利益になったとしても）長期的に見ればマイナスになることもあります。第3章では、私自身の大学教員としての経験を社会学の観点から分析した上で、脱‐組織のマネジメントの重要性について、考えていきたいと思います。

40　ラーメンズ（小林賢太郎と片桐仁からなるコントユニット）のコントからのサンプリング音源のセリフ。

1．組織人と職業人

研究と学務の狭間で

私は大学教員になって14年経ちますが、しばしば語られる「大学の事務仕事（学務）が多くて研究時間が取れずに悩む研究者」という近年の大学教員のイメージは、私の知る限り、概《おおむ》ね正しいと思います。大学教員は自分の研究だけでなく、様々な事務仕事をしなくてはならないからです。しかし、だからといって、一概に「研究の方が学務よりもやりがいがある」とは言い切れない部分があることに、最近、気がつきました。

それは、端的に言うと、学務にやりがいを見出す「組織人」としての自分と研究にやりがいを見出す「職業人」としての自分の間のせめぎ合いと言えるでしょう。研究がしたいと研究者になったものの、大学に就職すると、大学という組織の一員にもなるわけで、研究ばかりをしているわけにはいきません。学務をこなしていくうちに研究が疎《おろそ》かになってしまうということは、よくあることです。「職業人（研究）＞組織人（学務）」という優先順位が、学務に精を出すうちに、「組織人（学務）＞職業人（研究）」となっていくと、研究者としてのアイデンティティは揺らぎ始めます。

もちろん、教員に「研究者」的な性格を求めていない大学や部局（研究者としての能力と教育者としての能力をリンクさせて考えていない大学や部局）もあり、それに納得して就職したのであれば、両者の間のジレンマが問題化することはありません。研究者としての側面は捨てて、ひたすら組織人として生きれば問題はないでしょう。しかし、本来の大学は、教員に「研究力」（とそれをベースにした「教育力」）を求めるものであるし[41]、研究をしたくて研究職に就いたはずの教員であれば、自らの仕事について、ジレンマを抱え込むことになります。

ここまでの話を聞いて、「正反対のベクトルの仕事があったとしても、両者をバランスよくこなしていけばいいのではないか？」と思うかもしれません。しかし、そう簡単な話ではないということが、本章で言いたいことです。自分の仕事はあくまでも研究であると思っていても、よほどの意思がない限り、長く組織にいると「学務＞研究」となりがちになる、ということが、経験的に分かってきました[42]。そこから導き出されるのは、（私の経験が他の多くの大学教員にも当てはまるとするならば）大学の「研究力」を上げたいとしたら、いかにして教員を職業人＝研究者に留まらせるかを考えなくてはならないということです。「教員を組織人として染め上げるマネジメント」ではなく、「教員を組織人に染め上げないマネジメント」こそ、（「研究力」を上げたい）大学のマネジメントに求められており、それは他の（一部の）業種においても当てはまるというのが、本章の結論になります（その具体例については本章の最後に示します）。以下、私の経験に社会学の知見を加えながら、論じていきたいと思います。

大学教員の現状

　学務で忙しく研究時間がとれない大学教員の現状については、メディアでもしばしば取り上げられています。たとえば、朝日新聞の記事「労働時間の3割だけで研究？　大学教員、他の仕事多く…」（合田禄、朝日新聞デジタル、２０１９年6月26日）[43]では、文部科学省が行った調査が紹介されています。そこでは、大学教員が研究に使えるのは働いた時間の3割強で、16年前より10ポイント以上減っていること、事務作業には2割弱が割かれていることなどの調査結果とともに、「事務時間を研究に回せる対策が必要だ」との、担当者の談話が紹介されています。

　また、２０２０年3月に文部科学省より出された調査報告書、「教育と研究の充実に資する大学運営業務の効率化と教職協働の実態調査」[44]（マインドシェア2020、以下「実態調査」と

41　工学者の安西祐一郎は、連載「２０４５年の学力⒆　一流の教育者は一流の研究者」のなかで、高校と大学の教育の違いを、以下のように語っている。

> 大学は教育を重視すべきだ、と言われて久しい。しかし、研究あってこそ大学、ということがむしろ忘れられているように思う。今の大学生は手取り足取り教えないと一人前の社会人になれない、だから研究などと言っていられない、まずは教育が大事だ、というロジックは、いかにも通りそうな理屈だ。もちろん、教育に力を入れている立派な大学もあり、教育に心血を注ぐ大学教員もたくさんいる。それでも、大学の教員は研究水準が高くなければ教員とは言えない。また、研究水準の高い教員がいない大学は大学とは言えない。研究水準が高いとは、知の消費者や知の評論家ではなく知の生産者である、ということだ。
>
> 大学は高等学校とは違う。大学の教育も高校教育とは意味が違う。論文や本で読んだこと、他の学者や評論家から聞いたことを生徒・学生に伝えるだけの授業は、大学の授業ではない。大学の教員は一流の研究者であってほしい。先達の産み出した膨大な知識の体系を吸収しながら、未知の世界に挑戦し、新たな知を生産する。そこで得た成果を自分の言葉で学生に語る。それが大学教員のまともな姿だ。（安西 2017）

また、後に詳しく紹介する、２０２０年３月、文部科学省より出された調査報告書（「教育と研究の充実に資する大学運営業務の効率化と教職協働の実態調査」）においては、次のような教員の声が紹介されている。

> 今の40代とか、30代の若い先生が研究できる環境を整えることが、まず重要だと思う。40代、30代、20代の若手の先生方がちゃんと研究をやって、頑張ったなという達成感をちゃんと得られるような待遇でないと、いつも大学の中の事務的な業務に追われて疲弊してしまうのは、学生にもよくない（強調は引用者、マインドシェア 2020:67）。

します）においては、アンケート調査とインタビュー調査をもとに、大学教員の現状が詳しく報告されています。そのなかでは、「アンケート回答者[45]の1週間の労働時間のうち、授業時間の平均が13時間程度、研究時間の平均も13時間程度、その他の業務に費やす時間は23時間程度」（同：5）であること、「授業と研究に費やす平均時間は同程度。しかし、研究時間は授業時間に比べ、3時間未満のほとんど研究を行っていない層と、30時間以上の研究にかなりの時間を費やしている層の2層が多く見られ、研究をする人としない人に二分化している傾向があることがうかがえる」こと、「職階級が高くなるほど、会議・委員会・その他の業務に費やす時間が増加する傾向がある。一方で、職階級が高くなるほど、授業や研究に費やす時間が少なくな」る（同：6）ことなど、かなりリアルな大学教員の実態が報告されています（表1、表2）。

どうすればいいのか？

こういった状況に対して、「教員にまわす事務仕事を減らす」というのが、第一にとられるべき対策でしょう[46]。ただし、教員のなかには、研究より学務をしたがっている教員も少なからず存在するため、ことはそう簡単には運びません。事務仕事というのは、その量が現

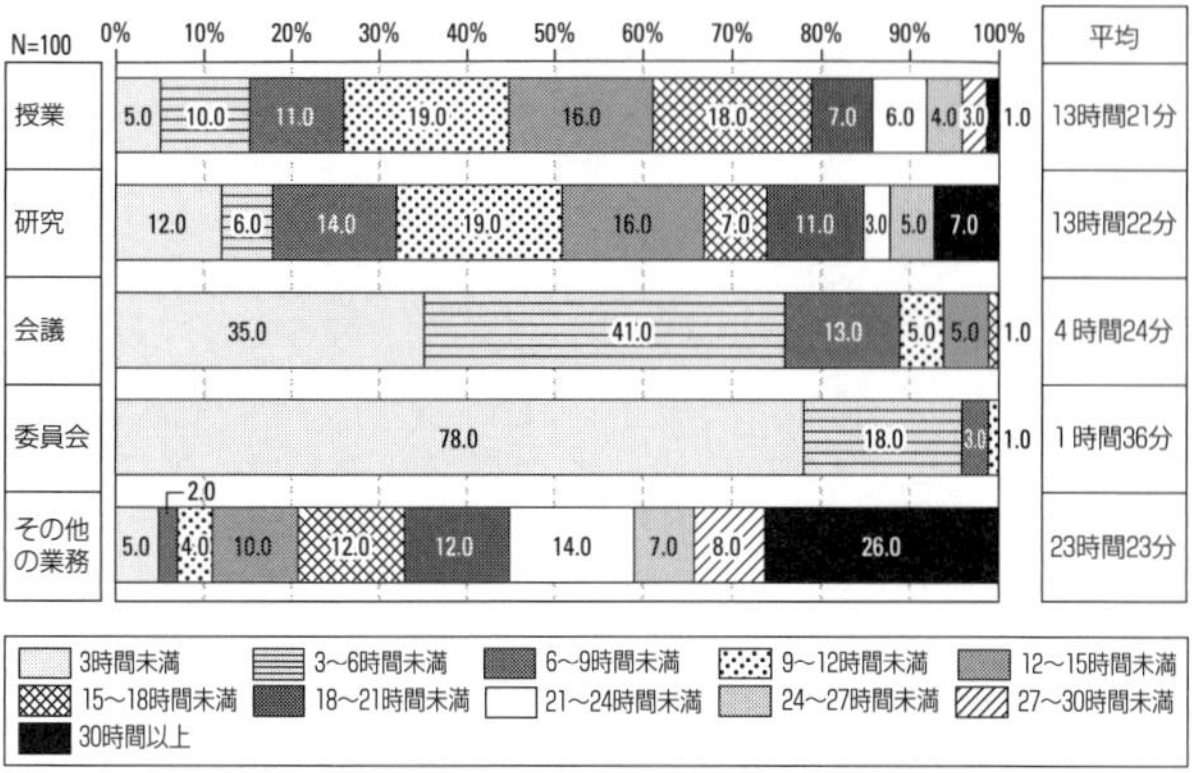

表 1　大学教員が 1 週間当たりの各業務に費やす時間の割合

出典）「教育と研究の充実に資する大学運営業務の効率化と教職協働の実態調査」より作成

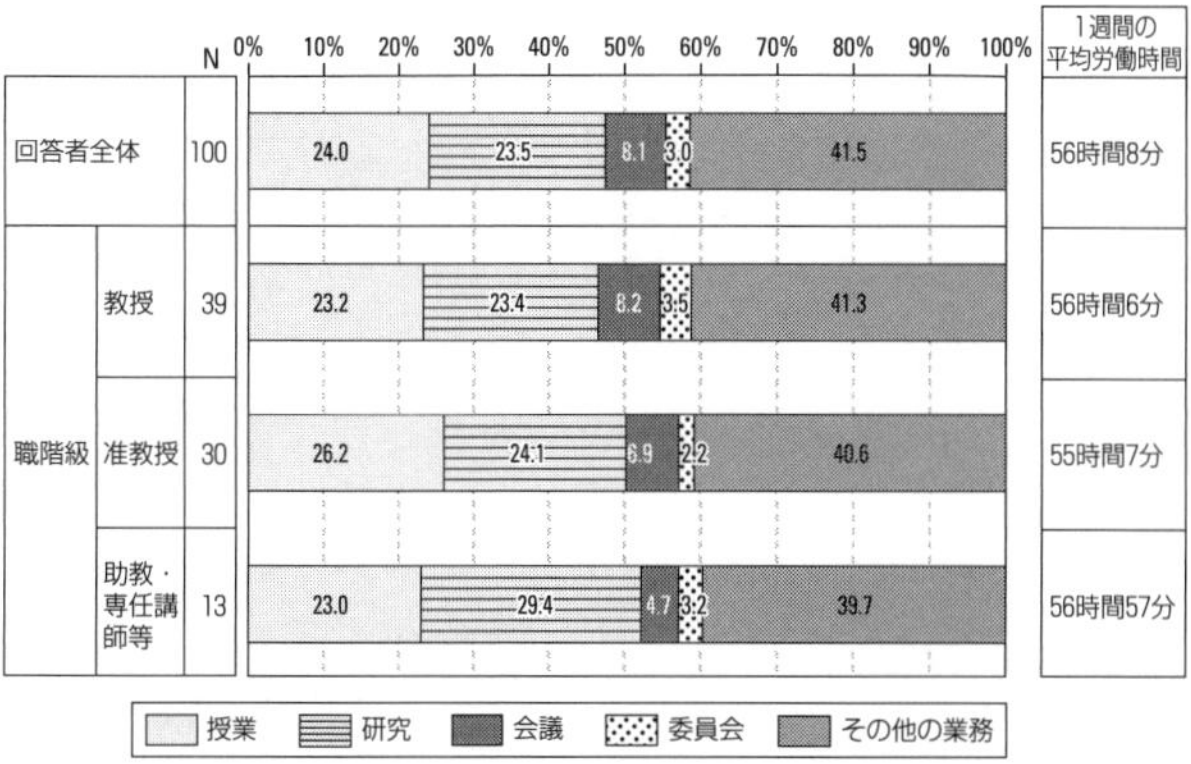

表 2　1 週間当たりの各業務に費やす時間の割合（職階級別）

出典）「教育と研究の充実に資する大学運営業務の効率化と教職協働の実態調査」より作成

場の裁量で増えたり減ったりするものです。仕事を複雑にして増やそうとすればいくらでも増やせるものだし、ある程度、その量を減らすことも可能です。同じ仕事を振られたとしても、学務をやりたい教員の担当になればその量は増えるだろうし、学務を抑えたい教員の担当になれば、その量は減るでしょう（その影響は、まわりの同僚にも及びます）。つまり、「教員にまわす事務仕事を減らす」という解決策は、現場の教員の仕事へのスタンスによって、うまくいかないリスクもあるのです。

本当に大学教員の学務の時間を減らし、研究の時間を増やしたいならば、なぜ、研究より学務をやりたがる大学教員がいるのかを考えなくてはなりません。そこまで踏み込まないと、この問題は解決しません。

主観的世界を理解する

では、この問題に「理解社会学」の視点を取り入れて考えてみましょう[47]。なぜ、研究を忘れて学務に夢中になってしまうのか。それを「理解」するためには、学務に夢中になる人の「主観的世界」に注目する必要があります。

ここでは、自分自身の経験をもとに、理解社会学的な分析のための「仮説」の構築をしていきます。それを通じて、大学教員がなぜ学務にハマってしまうのか、考えてみましょう。

42　学務に夢中になっているとき、次のような哲学者のツイートを読んで、ドキッとした。

　もしかすると、研究が好きで研究者になったものの、研究のモチベーション維持は大変だし飽きも来る、それでいつしか学内行政の明確なタスクを普通にサラリーマンみたいに毎日やるのが一日の終わりの酒もスッキリしてうまい、みたいな感じになっていく人がいるのかもしれない（２０２０年４月１日の千葉雅也のツイッターより）。

　大学教員を長く続けていると、確かに、一日研究をして家に帰ったときより、一日の学務を終えて家に帰ってきたときのほうが、家で飲むビールはおいしい。このツイートを見て、「これって、ひょっとして自分のことか?」と思った経験が、この章を書くきっかけとなった。

43　記事は朝日新聞デジタルに掲載されている（https://www.asahi.com/articles/ASM6V4V2JM6VULBJ00B.html）。

44　文部科学省の先導的大学改革推進委託事業の一環として、２０１９年度に行われた委託調査で、報告書は文部科学省のホームページに全文が掲載されている（https://www.mext.go.jp/content/20200721-mxt_gaigakuc3-000008942_1.pdf）。

45　アンケート対象者は、①5名の有識者が1人につき10名以上の大学所属の研究者を選定し、さらに、②有識者検討会にて協議の上、実地ヒアリングの対象6校を選定し、実地ヒアリング対象校1校につき、各1名以上の教員・職員にアンケートを配布した。実地ヒアリングの対象校の条件は、革新的な取り組みにより教員の教育・研究等の時間の確保に成功している大学や、教職協働に関する先進的な取り組みを持っている大学（内、民間出身の学長・理事長等を有する大学、最低2校を選定）である。アンケート回収数（教員）は、①70名、②30名の、計１００名であった（マインドシェア 2020:2-3）。

私が考える、大学教員が研究よりも学務に夢中になる要因は以下の三つです。

1．短期的な承認への欲求
2．組織内能力の向上と学務のゲーム性
3．職場内での威信の高さ

以下、それぞれについて、見ていきたいと思います。

研究＝長期的な承認

まずは、仕事における「承認」の問題です。

心理学者のマズローが5段階の欲求として提示する「生理的欲求」「安全の欲求」「社会的欲求／所属と愛の欲求」「承認の欲求」「自己実現の欲求」（Maslow 1970=1987:55-72）のひとつとしても挙げられている通り、承認欲求というのは、人間の基本的な欲求のひとつです[48]。

しかし、研究者としての承認欲求を満たすというのは、そう簡単ではありません。

研究というのは、膨大な先行研究を踏まえた上で、そこに自分のわずかながらのオリジナリティを付け加える作業です。まず、その先行研究をたどっていくだけで、とても時間がかかります。それを踏まえて調査をして自分なりの知見を導き出すのに時間がかかり、それを論文（著書）として執筆するのに時間がかかり、その論文（著書）が世に出たところで、それが学界で評価されるかどうかは分からない。別の研究者が自分の論文（著書）を引用し、その人の論文（著書）を発表してはじめて、自分の研究の社会的評価が分かるのです。このように、ひとつの研究が評価されるまでには、長い長い時間がかかります。

46　最初にこのことを言うのは、後ほどの議論に対して出るであろう、「私の大学では上から回ってくる学務の量が膨大すぎてそんなことは問題ではない」という批判に対して、あらかじめ「予防線」を張っておくためである。そういった批判に対しては「おっしゃる通り」と答えざるをえず、そうした批判をする人には、本章での議論は「研究ができる余裕のある大学」の教員の言う「贅沢な悩み」に過ぎないように見えるだろう。それに対してもまったく反論はできない。そもそもの学務の総量を常識の範囲内に止めることは、本書で扱う「次の問題」に行くための大前提である。

47　マックス・ウェーバーによると、理解社会学の目的は、人間の「行為」を考察の対象とし、その人間の行動が示す連関や規則性を「理解できるかたちで解明すること」である。そこで対象とされる「行為」とは、人間の内的・外的な行動全般ではなく、主観的な意味と結びついている行動である（海老原 1990:127-128）。

48　マズローによると、「我々の社会では、すべての人々（病理的例外は少し見られる）が、安定したしっかりした根拠をもつ自己に対する高い評価、自己尊敬、あるいは自尊心、他者からの承認などに対する欲求・願望をもっている」（Maslow 1970=1987:70）。

私の例をひとつ挙げましょう。「やりがい搾取」という言葉につながったバイク便ライダーに関する研究は、２００３年にバイク便ライダーの経験から構想を練り始め参与観察調査をし、２００５年に論文にまとめて専門誌に掲載、２００６年に書籍化され、２００７年に本田由紀が「やりがいの搾取」というかたちで、私の研究を引用しつつ、議論を一歩前に進めてくれました（第1章で引用した本田（2008）のもととなった論文です）。構想から評価までおよそ5年かかっています。しかも、これはかなりスムーズな例だと思います。私自身、色々と苦労して書いたのに誰にも引用されない論文（著書）もたくさんあります。とにかく、研究というのは、はじめてから承認を得るまでにとても時間のかかる仕事なのです。

学務＝短期的な承認

一方で、学務はやればやるだけ確実に感謝されるし、承認も得られます。研究のように、必死に時間をかけてやったのに、誰にも相手にされないなんてこともありません。やればやるだけ、「ありがとう（ございます）」「おつかれさま（です）」と、職員にも同僚にも言われます。

研究においては、確実な成功は保証されていません。いつ学界のトレンドが変わるか分からないし、一夜にしてこれまでの研究の積み重ねが無に帰することもあります。しかし、学務は、やればやるだけ感謝されます。私自身、「研究は裏切ることもあるが、学務は裏切らない（キリッ）」と、本気で思ったことさえあるくらいです。

つまり、学務は、確実に、短期的に仕事を通じた承認欲求を満たすことができるのです。

組織内能力の向上と学務のゲーム性

学務は（しばしば誤解されるように）単純な事務作業だけではありません。それは、かなり高度な、人間関係や組織内の調整を必要とする作業も含みます。学内の組織図を頭に入れ、学則を覚え、構成員の所属と名前、人間関係を整理し、大学全体の組織の動きのダイナミズムを体得し、さらにそれらを自分なりに組み合わせて、都度都度、問題を解決していかなくてはならないのです。だからこそ、その能力はどこまでも向上していくもので、遂行する者の「向上心」を満たすものでもあります。

その能力は、経営学者の田久保善彦の言う「健全な根回し」を行う能力に近いものです（田久保 2021）。

田久保は、会社のなかで成果を上げるためには、①「１人で完結する仕事は限られている」、②「それゆえ、他者に協力を仰ぎ動いてもらわなければならない」、③「他者に動いてもらうためには、相応の準備をしなければならない」の三つのポイントを認識することが大切で、特に三つ目のポイント「事前準備＝根回し」の重要性を指摘しています。

田久保は、根回しを成功させるために、以下の四つのポイントを挙げています。

①ステークホルダー（交渉相手）の分析をする…関係者が多様な場合には、「目標」「価値観」「見解」の違いが、意見の違いをもたらす。こうした場合、「微妙な」調整が必要不可欠となってくる。対象となる事柄に対し、関係者がどのような興味関心を持っているか、または影響力を持っているかを、冷静に分析することが重要となる。（引用者による要約）

②人脈を駆使してキーパーソンにたどりつく…最終的な意思決定者にいきなりに根回しすることは困難なことが多い。そのため、その人にたどり着く道筋をおさえ、人脈の連鎖で、梃子《てこ》の力を効かせた根回しをしなくてはならない。（同上）

③相手の感情や面子に配慮する…人間には感情があるので、正論を理路整然と説明すれ

ば、相手は納得するというわけではない。根回しの際には、相手の気持ちや立場を配慮することが重要である。また、相手の面子もつぶさないことにも注意しなくてはならない。（同上）

④「下・横・斜め」の根回しもする…キーパーソンに対しては根回しが成功したとしても、現場で反対する人がいて動かないということもある。最終的に実行することまでを考えるのであれば、上だけではなく「下、横、斜め」と、複数の方向性での根回しをする必要がある。（同上）

そして、「健全な根回しが上手な人の特徴」として、以下の三つを挙げ、「これらは、付け焼刃でどうにかなるスキルではないので、日ごろから意識して取り組み、身につけておきましょう」と指摘します。

特徴① 相手の立場になって考えられる…相手の気持ちを動かすためには、「相手に対して思いやりを持つこと」、そして「相手の立場をどのくらい想像できるか」が大事です。交渉相手の多くは、自分よりも上の立場の人です。そのような人の立場が想像できるよう、日ごろから経営視点を養うための勉強をしておきましょう。

特徴② 先を見通す力がある…根回しが上手な人は、「相手にこのような説明をしたら、こう反論されるのではないか？」「このような反応をするのではないか？」など、予測しシミュレーションする能力にも長《た》けています。

特徴③ 社内に味方を作っておく…相手からすでに良い感情を抱いてもらえていたら、交渉もぐっとスムーズに進みます。また、キーパーソンを探す際にも、情報提供や紹介をしてもらえるかもしれません。社内の良好な人間関係構築にも日ごろから気を配っておきましょう。

こうした能力が必要とされる学務は、「分析力と人脈と根回し」を賭けたゲームであり、それは、研究とはまったく異なるタイプの「やりがい」を与えてくれるものなのです。

職場内での威信の高さ

こうしたゲームは、特に、組織の危機の際にやりがいのあるものとなります。組織のなかにいれば、大なり小なり、危機的な状況が現れるものです。職場全体が「これにどうやって対応しようか」とザワザワする。そんなときにスッと現れ、組織人としての経験で培ってきた人脈や分析力、根回し力をもって解決するなんてことがあれば、そのゲームの勝者の威信は、平常時の何割増しにもなります。

アメリカの作家、レベッカ・ソルニットは、災害などの非常時にこそ、人々の結束力が強まり、集団が活性化すると指摘しています。

> 災害は、世の中がどんなふうに変われるか——あの希望の力強さ、気前の良さ、あの結束の固さ——を浮き彫りにする。相互扶助がもともとわたしたちの中にある原理であり、市民社会が舞台の袖で出番を待つ何かであることを教えてくれる。…（中略）…〝地獄の中のパラダイス〟は即興的に作られる。わたしたちはそれを状況に即して作り、その過程で、わたしたちの強さや創造力が引き出され、コミュニティにがんじがらめになっているときでも、自由な創案を発揮できるようになる。地獄の中に作られたこういったパラダイスは、

わたしたちが何を欲していて、わたしたちが何者になれるかを教えてくれる。(Solnit 2009 = 2020:467-468)

組織人にとって、自らの「強さや創造力」を発揮する最大のチャンスは、組織の非常時におとずれます。そこでリーダーシップをとり、危機を切り抜けることができれば、その人の職場での威信は一気に高まるでしょう（こうした危機が連続的に続くような職場にあっては、その威信は一層高まります）。

もちろん、研究においても、大なり小なり、危機的な状況は現れます。しかしそれは個人的な問題です。個人的な問題である以上、そこでいかにうまく乗り切っていたとしても、研究仲間の間での評価は上がれど、組織内のインフォーマルな集団[49]における評価にはそれほど影響を及ぼすことはありません。しかし、学務は違います。職場の危機は共有された集団的なものであり、そこでは、集団の凝集性は一気に高まります。こうした、職場内での学務ができる人の威信の高さも、学務をすることの魅力のひとつとなっていると考えられます。

2．職業人に留まる／留まらせるために

ここまで、大学における、組織人であることの魅力について見てきました。学務をこなすことは、ある程度は、組織に属する組織人として、必要なことではあります（組織のなかで研究を続けていくためには、組織人としての能力を身につけなくては、まわりの人に迷惑がかかってしまいます）。しかし、組織人に過度に寄りすぎると、その教員の研究者としての生命は終わってしまうかもしれません。大学にとっても、それは「研究力」を下げるということになり、良いことではないでしょう。また、あまりに学務に没頭している教員が職場のヘゲモニ

49　高瀬武典によると、インフォーマル・グループとは、メンバーの集団内における地位・役割、共通目標などが高度に成文化され明示化されている集団であるフォーマル・グループの対極にある、それらの成文化や明示化の程度が低い集団のことである。たとえば、製造現場で監督者の指示とは別に仲間の間で仕事量の基準が決められているような場合、会社の能率や費用の論理に従う監督者を中心としたフォーマル・グループの内部に、自然発生的で感情の論理にもとづき、強くメンバーを拘束するインフォーマル・グループが成立していると考えられる（高瀬 2012:83）。ここで問題にされている「威信」とは、大学の職場におけるインフォーマル・グループにおける感情の動きであり、それは、フォーマル・グループにおける評価とは異なるものである。

ー（覇権）[50]を握り、まわりにもその業務の質、量を求め始め、そのムードが職場全体に広がると、学務がインフレーションを起こし（先に説明したように、事務仕事は増やそうと思えばいくらでも増やせる、可塑的《かそてき》な性質のものです）、大学全体の「研究力」を下げてしまう可能性も否定できません。

少し話は逸れますが、大学における組織人／職業人のヘゲモニーについて考える際には、「怠け」をめぐる両者の駆け引きに注目するといいのではないかと考えています。社会学者の渡辺拓也は「怠け」とは、非対称な権力関係のもとで社会的に構築されるものであることを指摘しています（渡辺 2017:340-400）。この考え方を踏まえると、組織人は学務を重視して、学務をしているか否かを「怠け」の基準と捉え、職業人は研究を重視して、研究をしているか否かを「怠け」の基準と捉えます。すると、大学の職場は、「怠け」をめぐる組織人と職業人の間のヘゲモニー争いの場として捉えることができます。組織人がヘゲモニーを握った場合、その職場は学務をしないことが「怠ける」ということになり、職業人は肩身の狭い思いをします。その反対に、職業人がヘゲモニーを握った場合、その職場は研究をしないことが「怠ける」こととみなされることになり、組織人は肩身の狭い思いをすることになります。大学の職場で組織人がヘゲモニーを握るとは、「怠け」の内容に関する職場の合意を組織人が独占している状態と言えるでしょう。そうなると、職場での「組織人化」への圧力は一層強まり「研究力」を引き下げる方向でのベクトルが大きくなります。

ここから先は、教員の過度な「組織人化」を緩和する「処方箋」について考えていきたいと思います。これが、本章の結論である「脱‐組織のマネジメント」論へとつながっていきます。

処方箋①　研究会等との関わり

大学という組織のなかでいかに職業人＝研究者として留まるか。一つ目の処方箋は、「研究会」です。私は現在、二つの科研費（科学研究費助成事業）の研究課題の研究分担者となっており、その他にも兵庫県の主催する研究会などに参加しています。こうした研究会が週

50　松田博によると、ヘゲモニーの語源はギリシャ語のヘーゲスタイ（先導する）である。ロシア革命の指導者、レーニンは、農民層との階級的同盟（労農同盟）を実現するためのプロレタリアート（労働者階級）の政治的指導力の意味でヘゲモニーを使用した。アントニオ・グラムシ（イタリアのマルクス主義者）は、近代国家の統治のためには、支配階級が政治的強制力にもとづく「支配」のみならず、指導階級として国民からの自発的合意を調達するための「知的文化的指導」を重視し、政治的指導としてのヘゲモニーだけでなく、国民の合意形成を促進する文化的知的ヘゲモニーの意義を強調した（松田 2012:1144-1145）。

末等、大学業務の時間外にあるのですが、そこへ参加することは、研究者としての自分を定期的に思い出させてくれます。

また、メディアで発言することも、自分の研究者としての役割を思い出させるものです。メディアが対象とする一般の人々にとって、大学の教員は「専門家」であり、その人の組織のなかでの役割や評価など、関係ないためです。

さらに、若い研究者との交流も、自分の研究者としての役割を思い出させる、いい機会と言えるでしょう。研究者のタマゴである彼らにとって、私の組織人としてのやりがいや悩みなどどうでもいい。興味があるのは私の研究です。

しかし、それはあくまで「自助努力」であって、学務に夢中になっているときや研究がうまく行っていないときには、そうしたことをするには、億劫になりがちです。そのような場合は、無理矢理にでも教員を職業人＝研究者に留まらせる制度が必要となります。

処方箋② サバティカル制度

一般的に「マネジメント」と言うと、働く人が組織に適応した人材＝組織人となるように水路づけることであると思われがちです。しかし、先に見た通り、組織で働く人が組織人的になっていくのは自然な流れであって、実は働く人を組織の文化に染め上げないようにすることこそ、マネジメントの重要な機能なのだと、私は思います。組織人になることはある程度必要でしょう。しかし、それが行き過ぎると、職業人としての仕事が疎かになってしまう。それを防ぐような、教員の「組織人濃度」を下げる＝教員を職業人に留まらせようとするマネジメントが必要となってきます。

　そのための制度のひとつが、現在、多くの大学が取り入れている「サバティカル（研究休暇）」という制度です。これは、簡単に説明すると、働く人の組織人的な側面を一旦削ぎ落とし、職業人としてパワーアップさせてから職場に戻すという制度で、その間、教員は学務から外され、研究に専念することを求められます。

　私が「サバティカル」というものをはじめて知ったのは大学生のときで、「○○先生は来年度サバティカルだから、ゼミ生は一旦、△△先生に預けられる」みたいな話を聞いて、そんな制度があるのか、大学の先生っていうのはいいご身分だなと思っていました。

　その制度の本当の意味を知るのは、実際に自分が大学教員になってからのことです。大学の教員を長くやり、自分のなかの「組織人濃度」が高くなった段階で、1年間与えるので研究に励んでくださいと言われたとき、結構しんどいなと思った経験が、実はあります。しかし、それは、まさにそんな風に感じている自分に対して、「研究者として研究をしっかり立て直してください」という、大学からの要請なのです。大学としては「研究力」を上げるのも重要な社会的な役割のひとつであって、組織のなかで研究者を「潰す」ことは、自らにとってもマイナスになるから、それ自体、合理的なマネジメントなのです。

サバティカルに関しては、一般にはなかなか理解しにくい制度なので、多くの大学がその目的を公表しています。たとえば、東京大学に関しては、以下の通り、規定で定められています。

（要件）
第3条　大学教員は、前条第1項各号の定めるところにより、専門分野に関する能力向上のため、長期研修の一環として、国内外の教育研究機関等において、自主的調査研究に専念する権利を取得するものとする。

（業務の免除）
第4条　部局の長（以下「部局長」という）は、サバティカル期間中の大学教員について各部局の定めるところにより、教授会への出席、その他部局の管理・運営に関する役割等を免除することができる。（強調は引用者、東京大学教員のサバティカル研修に関する規程[51]）

先に見た「実態調査」においても、ある大学でのヒアリングの結果、「教員は研究活動中に入ってくるさまざまな業務で、研究がストップしてしまうことを嫌っており、じっくりと研究に打ち込める時間を確保することを一番望んでいた」こと、「そういった教員が集中して研究に取り組める環境整備として研修制度（半期、あるいは1年の海外、国内の長期研修制度：引用者注）を導入」していることが紹介されています（マインドシェア 2020:49）。

（少しずつ）広がる脱－組織のマネジメント

サバティカル制度の活用は、一旦、組織のもつ引力から働く人を引き離す、「脱－組織のマネジメント」と言えるでしょう。新入社員への研修のような「構成員を組織に入れるためのマネジメント」ではなく、「構成員を組織の色に染めすぎないためのマネジメント」＝

51　東京大学のホームページより（https://www.u-tokyo.ac.jp/gen01/reiki_int/reiki_syuki/syuki08.pdf）。

「脱－組織のマネジメント」こそが重要なのです。

平成30年に経済産業省と中小企業庁が発表した「我が国産業における人材力強化に向けた研究会（人材力研究会）」の報告書では、「政府・社会として取り組むべき方向性」として、以下のように述べられています。

「企業」と「個人」の役割・関係性が大きく変化する中、企業が競争力を維持・強化するための「人材戦略」を推し進めるための環境と、個人が生涯学び、活躍し続ける（「働く」ことと「学ぶ」ことを一体的に行える）ための環境を整えていくことが必要である。政府・社会は、時代に応じた概念等を提示していくことにより機運を醸成するとともに、具体的な課題に対する支援策を充実させていくことが重要である。（経済産業省・中小企業庁 2018:58）

その上で、具体的な取り組みとして「リカレント教育の推進」（「リカレント教育」とは、学校教育から離れた後、それぞれのタイミングで学び直し、仕事で求められる能力を磨き続けていくための「社会人の学び」のこと[52]）が挙げられ、その一環として、サバティカル休暇についても触れられています。

> 企業による「サバティカル休暇」等の個人の学び直しや振り返りを支援するための制度整備を促進するため、そのような制度を整備する企業に対する助成の在り方について関係省庁と連携して検討する。（同：59）

こうした動きは、実際に「私費就学のための休職を最長2年間取得できるソニーをはじめ、一部の企業が独自に長期休暇を設けている」こと[53]、「ヤフージャパンでは単刀直入にサバティカル制度という名称で、勤続10年以上の正社員に2～3カ月の休暇を与えている」ことなどが報告されていて（大西 2018）、一部の企業ではありますが、少しずつ広がりつつあります。

もちろん、こうしたことが可能となるのは、一部の専門性の高い職種を抱える企業のみです。しかし、「組織（組織人）ではなく個人（職業人）を育てる」という、従来の日本の企業

52　厚生労働省のホームページより（https://www.mhlw.go.jp/stf/newpage_18817.html）。

53　リクルートワークス研究所の村田弘美グローバルセンター長の話として紹介されている。

文化とは異なる「脱-組織のマネジメント」が広がりつつあるのは、新たな職業文化の萌芽として注目すべき動きでしょう。

3．まとめ

本章では、組織を強くするための「職業」について考えてきました。まず、組織のなかにおいて組織に染まり切った「組織人」とならず、「職業人」としての側面を保ち続けることがいかに難しいかを、自らの大学教員としての経験をもとに語ってきました。その上で、職業人としての能力の低下を防ぐためのサバティカル制度のような「脱-組織のマネジメント」の重要性について見てきました。組織人重視の「日本型雇用」へのノスタルジーがいまだに強いなかで、職業人重視のこうしたマネジメントのあり方が急速に普及するとは考えにくいですが、新時代の働き方を見越した企業のチャレンジには、今後も注目し続けたいと思います。

〈第3章のまとめ〉

（短期的に）資本が求める仕事だけに没入せず、別のところにも拠り所をもつ「職業人」でい続けることは、一日の大半を過ごす職場においては困難なことである。

↓組織における「組織人」への誘惑を、大学教員としての経験から明らかにする。

↓大学教員は、学務をこなす「組織人」であるのと同時に、自らの専門領域を深める研究者＝「職業人」でもある。

↓①短期的な承認への欲求、②組織内能力の向上と学務のゲーム性、③職場内での組織人の威信の高さにより、組織に長くいればいるほど、大学教員の組織人濃度は高くなっていく。

↓職業人としての能力の低下は、大学のマネジメント上も、問題である。

↓教員を職業人に留まらせるための「脱‐組織のマネジメント」の重要性が増しており、代表的なものとして、サバティカル（研究休暇）の制度がある。

↓働く者を「職業人」でい続けさせる「脱‐組織のマネジメント」は、少しずつ他の業種にも広がりつつある。

第4章　「パートタイム田舎就労」の可能性とオルト・エリートの挑戦

自分の行為が自己以外に目的をもっていることを理解するに足るだけの視野に気づけば、それで十分である。（エミール・デュルケーム）

近年、グローバル化の進行に伴い雇用の流動性が高まり転職が当たり前になるなか、自分の属する会社だけに頼ることをやめて、組織横断的な、自らの「職業」をアイデンティティの中心に置くような人々が出てきました。これは、本書の考え方からすると望ましい傾向で、その先にこそ、本書で言う「職業人」（自分の仕事を組織のなかではなく社会のなかに位置づけて考えることのできる人）が生まれてくると考えられます。

しかし、そうした考え方についていけず、旧来の考え方に固執し続ける人もいます。彼らの意識を変化させるには、現場で啓蒙をする人が必要となります。本章では、社会学者の遠藤薫の「三層モラルコンフリクト・モデル」を援用しつつ、人々の「職業人」としての自覚を促すきっかけとなりうる「パートタイム田舎就労」という働き方の試みを紹介します。「パートタイム田舎就労」とは、都市部で働く人が空いた時間に地方で働くことを指す言葉で、第3章で見たサバティカル制度と同じく、その人を「職業人」でい続けさせる機能をもっています。その主導者を、働き方に革新をもたらす「オルト・エリート」（alternative eliteの略）と位置づけ、仕事観の革新に挑む彼らの活動について見ていきます。

1．グローバル化とバックラッシュ

第1章とコラム2でも紹介した『ダーティー・ワーク』のなかで、コミュニケーション研究者のメラニー・ミルズらは、アメリカにおいて、グローバル化に伴い、人々の働き方が流動的なものとなっていくなかで、組織ではなく職業が労働者のアイデンティティに占める割合が高まりつつあることを指摘しています。

近年のキャリアの流動性の高まりは、職業的なアイデンティティへの注目度を高めている。

> （…中略…）我々は同じ組織に雇用され続けて生涯のキャリアを終えた前の世代のような働き方はしない。労働者は生涯のキャリアの中で六人から八人くらいの雇用者に雇用されるようになってきているから、彼らを理解するためには、組織的なアイデンティティから職業的なアイデンティティへと焦点を移す必要がある。また、職場の変化と技術の革新によって、人々は組織よりも職業に強く同一化するようになってきている。だからこそ、かつてより職業的な観点から労働文化を理解することが重要になってきているのである。
>
> （強調、翻訳は引用者、Mills, Drew, Gassaway 2007a:3）

日本でも同様の流れがありますが、人々の意識は、それに逆行する動きを見せ、旧来の働き方を支持する傾向が強まっています。労働政策研究・研修機構（ＪＩＬＰＴ）が１９９９年から行っている「勤労生活に関する調査」の第7回調査（２０１５年、20歳代以上の男女を対象にした訪問面接調査[54]）の結果を見ると、１９９９年には72・3％だった「終身雇用」への支持割合が、２０１５年には87・9％まで上昇しています。同様に、「年功賃金」に関しては、60・8％（１９９９年）から76・3％（２０１５年）、「組織との一体感」に関しては、74・6％（１９９９年）から88・9％（２０１５年）まで上昇しました。

さらに、望ましいキャリア形成に関する質問では、「１つの企業に長く勤め、だんだん管理的な地位になっていくコース」と「１つの企業に長く勤め、ある仕事の専門家になるコース」をあわせた「一企業キャリア」を支持する人の割合は、１９９９年の40・5%から、２０１５年には50・9%に増加し、反対に、「複数キャリア」（「いくつかの企業に長く勤め、だんだん管理的な地位になっていくコース」と「いくつかの企業に長く勤め、ある仕事の専門家になるコース」の合計）を支持する人の割合は、23・9%（１９９９年）から23・1%（２０１５年）に減少、「独立自営キャリア」（「最初は雇われて働き、後に独立して仕事をするコース」と「最初から独立して仕事をするコース」の合計）を支持する人の割合も、15・3%（１９９９年）から10・1%（２０１５年）に減少しました（表3）。

この現象は、グローバル化に対する「バックラッシュ」（保守反動）と考えることができるでしょう。すべての人が変化についていけるわけではありません。変化についていけない人々は、不安が大きくなればなるほど、過去の「成功体験」にしがみつこうとします。日本の場合、いわゆる「日本型雇用慣行」の時代が戦後の成長期と重なっているため、その度合

54　『「第7回勤労生活に関する調査」結果　―スペシャル・トピック『全員参加型社会』に関する意識」―』
(https://www.jil.go.jp/press/documents/20160923.pdf)

	1999年		2015年
終身雇用	72.3%	↗	88.9%
年功賃金	60.8%	↗	76.3%
組織との一体感	74.6%	↗	88.9%
一企業キャリア	40.5%	↗	50.9%
複数企業キャリア	23.9%	↘	23.1%
独立自営キャリア	15.3%	↘	10.1%

表3　「日本型雇用慣行」の支持割合の変化

出典）「『第7回勤労生活に関する調査』結果」より作成

いは余計に強いものとなります。このようなバックラッシュのもとでは、本書で言う「職業人」的なメンタリティが育つとは考えにくいでしょう。

2．三層モラルコンフリクト・モデル

現在起こっていることは、社会学者の遠藤薫の提示する「三層モラルコンフリクト・モデル」で説明することができます。三層モラルコンフリクト・モデルとは、「グローバル、ローカル、ローカライズドのそれぞれのレベルの文化が、相互依存的に、再帰的変容を起こす動的モデル」（遠藤 2007:9）です（図2）。

ここまでの話に当てはめると、グローバル文化は新しい仕事観＝組織横断的な「職業」をベースにし、転職も

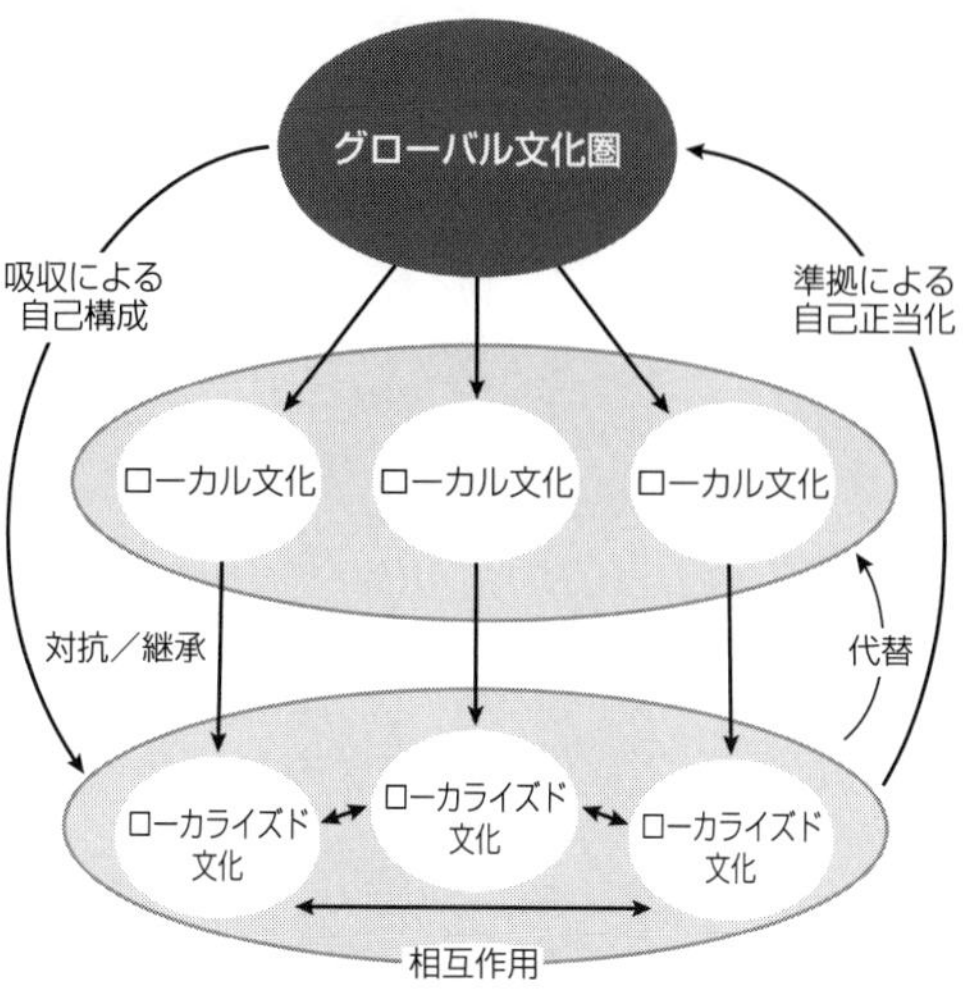

図２　三層モラルコンフリクト・モデル

出典）遠藤（2007）より作成（一部改変）

厭《いと》わないような仕事観、ローカル文化は古い仕事観＝「組織」をベースにし、年功序列、終身雇用を大切にする仕事観です。現在、問題となっているのは、グローバル化が進むなか、古い仕事観をもつ人々が新しい仕事観の影響力の強まりに不安を覚え、新しい環境に適応できない状態＝バックラッシュであると考えられます。

　遠藤のモデルでは、その状態を打破する役割は、ローカライズド文化に託されています。遠藤は、ローカライズド文化について、次のように説明しています。

> ローカライズド文化とは、むしろ現状において支配的なローカル文化に対抗するために、グローバル文化圏を仮想し、しかもローカル文化を密かに継承しつつ自己定立し、時に力を獲得して支配的なローカル文化へと自己変容していくものと概念化できる。（同：9）

そして、グローバル化を推し進めるローカライズド文化の担い手は「オルト・エリート層」と呼ばれます。「新時代を創出する担い手となるのは、中心にはいない（ゆえに動機づけをもつ）が、潜在的能力をもつ層である」（同：13-14）。オルト・エリート層の役割が、ローカルがグローバル化に対応できるか否かを決するし、グローバル化のもたらす「ハードランディング」（それは往々にしてバックラッシュを伴います）を避け、「ソフトランディング」させることも可能にするのです。

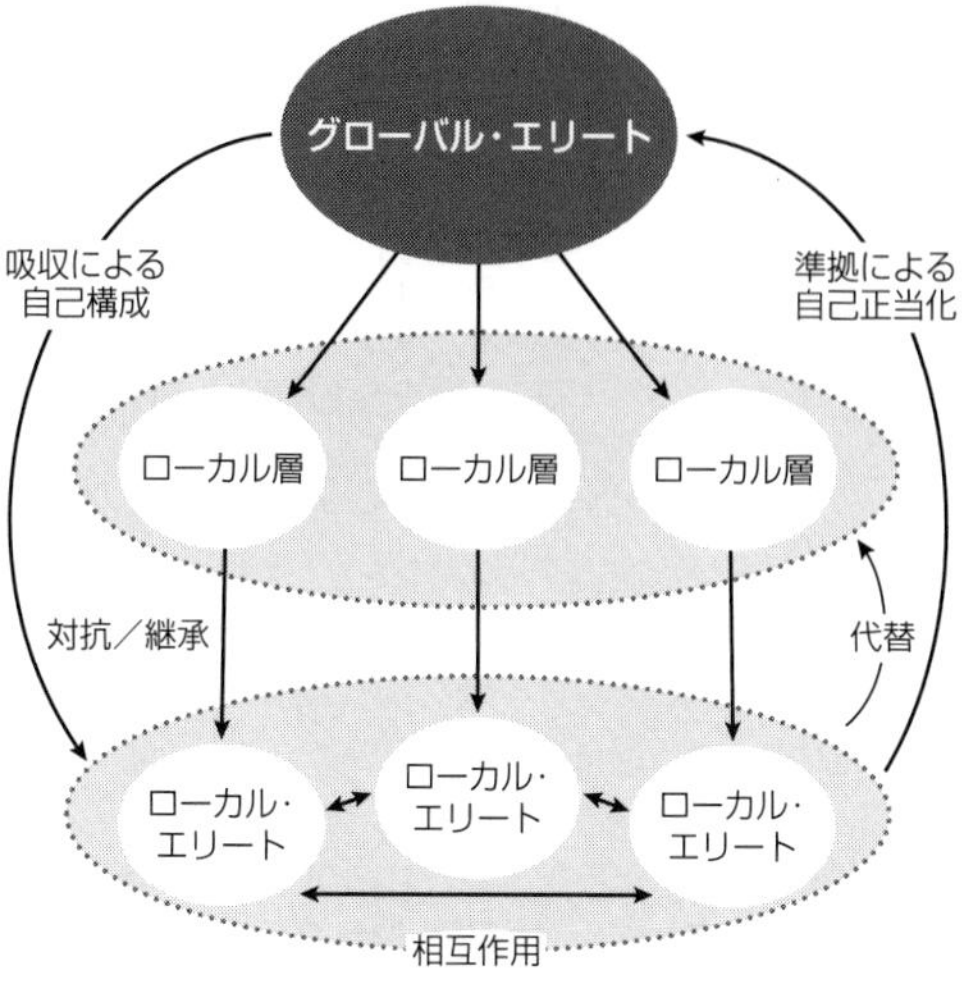

図３　グローバル・エリートとローカル・エリート

３．オルト・エリートの役割

三層モラルコンフリクト・モデルに、その担い手を重ね合わせてつくったモデルが、図３です。グローバル・エリートがいきなりローカル層に影響を与えるのではなく（そんなことをしたら、ローカル層からの反発＝バックラッシュが起きてしまいます）、ローカルで活躍するオルト・エリートを介して、その影響力を及ぼしていく。新しい考え方を上からおしつけるのではなく、草の根からじわじわと、古い考え方を変えていく。バックラッシュの時代においてグローバル化を進めるには、こうしたローカル・オルト・エリートの存在が重要なのです。

話を元に戻しましょう。つまり、人々の働き方に関して、少しずつ変えていくというのが重要です。いきなり、「グローバル化の時代じゃ！　転職じゃ！　独立じゃ！」と急《せ》かすのではなく、今、ふつうに働いている人の仕事観を少しずつ変えていかなくてはなりません。その先にこそ、本書で言う「職業人」が生まれてくるのだと思います。

本章で注目したいのは「パートタイム田舎就労」という試みと、それを仕掛けているオルト・エリートたちの働きです。彼らの取り組みと、それによって、どのような「職業観」が生み出されているのか、見ていきましょう。

4．「パートタイム田舎就労」の可能性

「パートタイム田舎就労」とは、私の造語で、都市部で働く人が、空いた時間に地方でも働くことを指します。

岐阜市にあるＮＰＯ法人、Ｇ－ｎｅｔの「ふるさと兼業」が有名で、その取り組みは、様々な場所で紹介されています。ホームページでは、そのコンセプトについて、以下のように説明されています。

> 『ふるさと兼業』は、愛する地域や共感する事業にプロジェクト単位でコミットできる兼業プラットフォームです。
>
> プロボノや兼業、パラレルキャリアという言葉が当たり前に使われ始めるなか、都会で生活しながら地域に関わる、大手企業で活躍しながらＮＰＯや中小企業、ベンチャー企業に関わる、そんな新たな選択肢を提案しています。
>
> 自分自身の地元や大好きな町、魅力的なリターンや共感する事業に寄付をする『ふるさと納税』のように、〝スキルや技術、経験〟を投資できる場にしたい。そんな思いで『ふるさと兼業』と名付けました。（「ふるさと兼業とは?・」[55]）

ホームページのプロジェクト一覧を見ると、日本中の企業から募集がかかっており、活動が全国に広がっていることが分かります。

青森県出身で、東京で10年以上続けた旅行関係の仕事に区切りをつけ、今後どうしようかと思っていたときに「ふるさと兼業」の取り組みを見つけ、東京に住みつつ青森の青荷温泉で観光の仕事にも携わったという沓掛麻里子さんは、インタビューのなかで、その経験を次のように語っています。

青森の観光に役立ちたいという想いを漠然と持っていた私にとって、東京にいながらこのような取り組みに参加できることが、とても魅力に感じて。迷わず応募しました。

添乗員を辞めるときに、周りから「今まで積み上げたキャリアがあるのにもったいない」と言われたんです。それでも私は「このくらいのキャリアを持つ人なんて5万といる」と思っていたのですが、今回この取り組みで、「自分が前職で経験してきたものがあるからこその目線で、意見を出せた」と、自分の積み上げてきたことを実感することができたんです。

働いてみて、東京ではほとんど使うことのない、自分の故郷のことば（津軽弁）を使って仕事ができることにも楽しさを感じましたね。リアルに青森に貢献できている気持ちを味わえました。（強調は引用者、『兼業だから、やってみたいと思えた』～プロジェクト事例・兼業実践者編〈青荷温泉〉」[56]）

インターネット上にあるふるさと兼業をした人の経験談を読むと、沓掛さんのように、社会の単位の小さい「田舎」で就労することにより、自らの仕事の社会的役割を知ることができ、それによって自分の仕事観が変わっていったということが、しばしば語られています。「役割の実現」（第1章）としての「職業」への「気づき」を得られることが、働く人にとっての「パートタイム田舎就労」の意義なのです（実際、私自身が地方の「田舎」でフィールドワークをしていると、都会にはない、「田舎」で働くことの長所として、こうしたことを挙げる人は多いです）。言い方を変えると、巨大な都市での仕事が、労働者を、みずからの仕事の社

55　ふるさと兼業ホームページ内の記事（https://furusatokengyo.jp/concept/）
56　ふるさと兼業ホームページ内の記事（https://furusatokengyo.jp/media/in/p2209/）

会的役割が不明瞭な「無規制的分業」（デュルケーム）の状態に置くとすると、小さな「田舎」で「有機的連帯」（第1章）を生み出す「社会的分業」を経験することによって、自分と仕事との関係を再認識することが、「パートタイム田舎就労」の意義であると言えます[57]。

Ｇ－ｎｅｔは、大企業向けに、地域をフィールドとしたプロボノ型の社員研修プログラムのコーディネートも行っています。２０２０年度、トヨタの社員向けに、地域の中小企業に期間限定でプロボノとして参画する研修を行った際の事例紹介のなかでは、研修の狙いの一つとして「専門分野に偏りがちな社員の視野や関心を外に向けること」が挙げられています。そして、この研修のベースには、「ふるさと兼業」で大切にしている「共感と熱意から始まる」という想いがあるとして、次のように述べられています。

> 社員を送り出す企業にとって、社会を捉えることや、社会とビジネスをつなげることを社員に学んでもらうとき、ビジネス全体を体感しやすい中小企業は魅力的な〝現場〟であると思います。（強調は引用者、「トヨタ自動車　先進技術開発カンパニー様との地域実践型プロボノ研修を実施」[58]）

57　デュルケームは、分業が無規制である状態における労働者の状況を以下のように説明している。

分業は、個人を機械の役割に追いこむことによって、個人の品位を落とすものだとして非難されてきた。また、じっさいのところ、個人が自己に要求されている働きがどこに向かうのかを知らず、その働きがどんな目的に結びついているのかを知らぬとすれば、彼は習慣的にそれをしているにすぎまい。毎日、彼は単調な規則性にしたがって同じ運動をくりかえし、それに興味も感じなければ、理解もしようとしない。それは、もはや生きた有機体の生きた細胞ではない。隣接諸細胞と接触してたえず打ちふるえ、それらに働きかけ、こんどはそれらの作用にこたえ、さまざまの欲求と状況に応じて伸び、縮み、曲がり、変化する、そういう生きた細胞ではない。それは、外力によってゆり動かされ、いつでも同じ方向、同じ仕方で動く、惰性的な歯車にすぎない。（強調は引用者、Durkheim 1960=2005:357）

その上で、労働者の「有機的連帯」への「気づき」について、次のように論じている。

分業の想定するものは、労働者がその仕事にへばりついていることではない。その協力者たちを見失わず、彼らにはたらきかけ、彼らからの作用を受ける、ということである。したがってまた、労働者はその方向も知らない運動を反復する機械ではない。多少ともはっきり理解している目的に向かって、どこをたどっているのかを知っている。彼はまた、自分が何かの役にたつことを感づいているのである。そのために、彼は社会的視野の広大な領域を一目で見てとる必要はない。自分の行為が自己以外に目的をもっていることを理解するに足るだけの視野に気づけば、それで十分である。（強調は引用者、同：359）

労働需要側（受け入れる企業の側）から見ると、ふるさと兼業や、その延長線上にある研修の最大の旨味は「人材不足の解消」ですが、労働供給側（働く人の側）から見ると、それは、小さな「社会」で働くことによる、職業の社会的役割への「気づき」です。両者のニーズがうまく噛み合った時、はじめてこの試みは成功するのです。

5．仕事観のアップデートとグローバル化の最前線としての「田舎」

ふるさと兼業が行われているような、ローカルな「コミュニティ経済圏」を、グローバル経済圏とドメスティック（日本の）経済圏との関係で考えると、ふるさと兼業の試みは、「グローバル経済圏／ドメスティック経済圏／コミュニティ経済圏」の三層のなかで、コミュニティ経済圏の担い手が、グローバル経済圏でトレンドとなっている新しい考え方と共振しつつ、ドメスティック経済圏の古い考え方をアップデートしていると考えることができるでしょう。

グローバル経済圏のオピニオン・リーダーたちは、（Ｇ－ｎｅｔの代表理事の南田修司のように）ひとつの組織にとらわれないキャリアの築き方を推奨することが多く、コミュニティ経済圏のオピニオン・リーダーは、そんな彼らの考え方に強く影響を受けていると考えられます（近年の「地方の時代」を先導するオピニオン・リーダーの多くは、グローバル・エリートと親和性の高い人物でもあることが多いのが特徴です[59]）。そこで批判の対象となるのは、日本的雇用にしがみついて生きる「組織人」的な志向です。つまり、グローバル経済圏とコミュニティ経済圏は対立するものではなく、先に見た、「三層モラルコンフリクト・モデル」で説明されているように、ともに手を取り合って、古いドメスティック経済圏に対抗し、人々の仕事観をアップデートしていくものなのです（図４）。

6．京丹後地方の「有機的連帯」

ここで言う「コミュニティ」とは、かつての「田舎」にあった「コミュニティ」とは異な

「パートタイム田舎就労」とは、こうした「気づき」を労働者に与え、彼を「生きた有機体の生きた細胞」としてアクティベート（活性化）するものとして捉えることができるだろう。

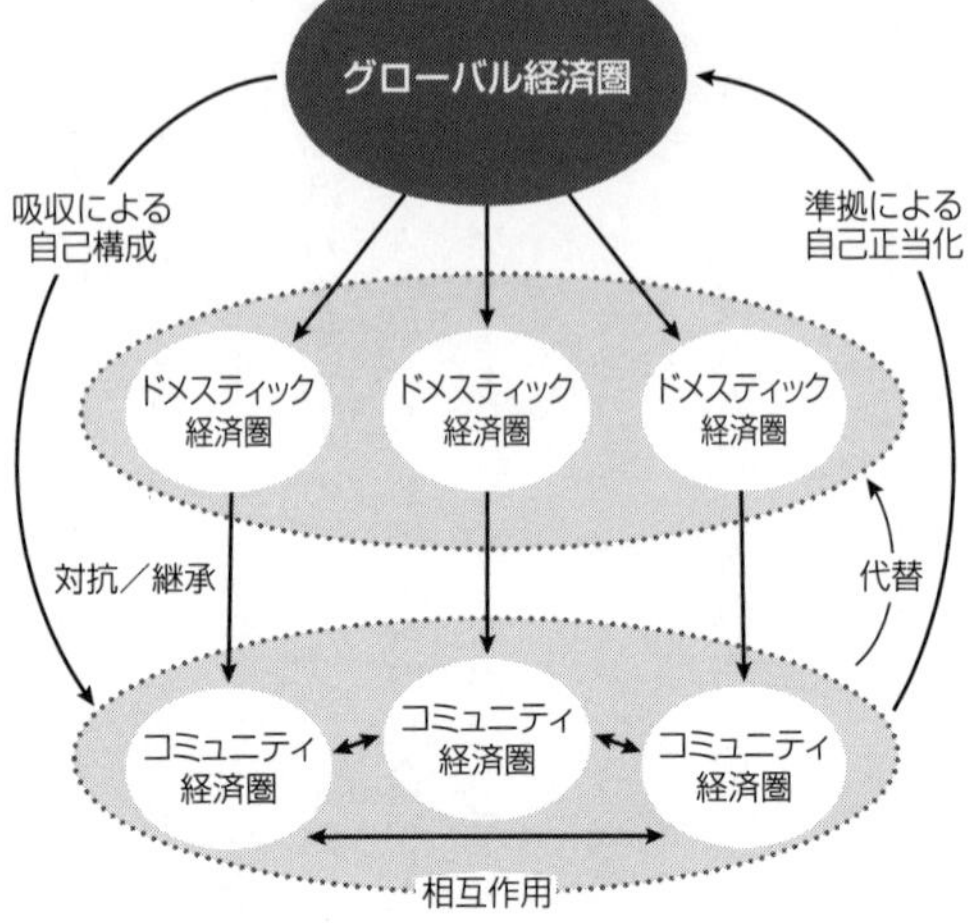

図4　グローバル経済圏／ドメスティック経済圏／コミュニティ経済圏

り、流動性が高く、地縁の薄くなった「コミュニティ」であることに注意しなくてはなりません。そこでつくられるコミュニティとは「新しい公共」です。

　私は現在、近年「ふるさと兼業」が盛んな地域のひとつである京都府の京丹後地方でフィールドワークをしているのですが、そこでも、地域で活躍する人々の地縁とは異なるネットワークと、それぞれの「職業」を通じた結びつきが見られます。もちろん、仕事以外の場所における「田舎」的なコミュニティはあるのですが、それ以上に、彼らが各々の社会的な役割をベースにした「有機的連帯」のリアルな手応えを感じていることが、強く印象に残りました。

そんな京丹後地方のネットワークの強みが最大限に発揮されたのが、２０２０年のコロナ禍に際して、京丹後の飲食店を支援すべく結成された「All Tango Action」です。この取り組みでは、クラウドファンディングや飲食店とのコラボ企画など、様々なプロジェクトを短期間のうちに成功させてきました。

中心人物の坂田真慶さんと小林朝子さんは、成功の理由について、次のように話しています。

坂田さん　アイディアと状況が合ったタイミングで、その瞬間のすべての力を総動員して、

58　ふるさと兼業ホームページ内の記事（https://furusatokengyo.jp/media/ekkyo-kensyu/p4240/）

59　グローバルなニュースも積極的に扱う人気サイト、Ｎｅｗｓ　Ｐｉｃｋｓでは、近年、「地方」がキーワードとなっている。２０１９年１月16日には、落合陽一の出演する人気番組『Weekly Ochiai』で、「地方をアップデートせよ」、２０２１年６月24日には、波頭亮の出演する人気番組『Rethink Japan by Rethink PROJECT』で「地域再生をRethinkせよ。」が公開された。グローバル・エリートが積極的に「地方」について語るのが、近年のトレンドである。

とにかくやろう！　という感じで進めてきました。丹後は、誰が何が得意なのか、どんなネットワークを持っているのかが、はっきりしているんです。だからこそ「〇〇は誰々に聞けばいい」など、そのネットワークを使って、やりたいことがある場合にも、すぐに実行に移すことができました。

小林さん　例えば、坂田さんはアイディア出し。ミクタンの市瀬さんは広報が得意で、すごいスピードで広報を出してくれる。その間に私がロゴ作成。そして、俣野さんがいろんな企業さんに情報を個別で発信。それぞれ得意なことを活かして関わっています[60]。

デュルケームの言う、有機的連帯における「隣接諸細胞と接触してたえず打ちふるえ、それらに働きかけ、こんどはそれらの作用にこたえ、さまざまの欲求と状況に応じて伸び、縮み、曲がり、変化する」(Durkheim 1893=2005:357) 生きた細胞（=それぞれの人）と、それが集まってできた有機体（=京丹後の社会）の関係が、ここにはあると言えるでしょう。

7.「パートタイム田舎就労」に注目する意味

私が見てきたのは京丹後ですが、同様の状況は、他の「田舎」でも起こっていると考えられるし、だからこそ、「ふるさと兼業」は盛り上がっているのだと思います[61]。

もちろん、「パートタイム田舎就労」に関しては、報酬の低さや「やりがい搾取」が行われる危険性も指摘できます。しかし、グローバル化の時代、働く者に「職業人」としての気づきを与える「パートタイム田舎就労」の価値は否めません。こうした問題をクリアした上で、この試みが広がっていくことを期待しています。

60　「丹後への想いが総結集！　コロナ禍で紡ぐ〝人と人とのつながり〟」（今日と明日　KYOTO LOCAL LIFE　https://www.kyoto-iju.jp/column/interview/all_tango_action/）

61　ふるさと兼業のホームページ（https://furusatokengyo.jp/）には、日本各地のプロジェクトやイベントが紹介されており、その多彩さに驚かされる。

〈第4章のまとめ〉

グローバル化へのバックラッシュ（保守反動）として、それと逆行するような「日本型雇用」への憧憬が広がっている。

↓バックラッシュのもとでは、自分の仕事を組織のなかではなく社会のなかに位置づけられる「職業人」的なメンタリティは育ちにくい。

↓グローバル・エリートによる上からの啓蒙ではなく、ローカル・エリートによる草の根レベルの啓蒙が必要とされている。

↓「パートタイム田舎就労」は、人々に「職業」の社会的役割に関する「気づき」を与えるという意味で、注目すべき、働き方の「草の根からのグローバル化」の試みであり、現在、この試みは、日本中に広がっている。

第3部　補論

――ポスト戦後社会と「職業」

第1部と第2部では、働く人を守る「職業」（第1部）と組織（企業）を強くする「職業」（第2部）について論じてきました。第3部は補論的なパートで、ポスト戦後社会における「職業」という考え方の意義と課題について、歴史的な視角（第5章）や時事的な問題（第6章）と絡めつつ、考えていきます。

第5章では、「職業」という考え方が職場におけるユーモアの基盤となるという、第1章で見てきた話を、歴史的に掘り下げていきます。植田まさしの漫画『かりあげクン』に典型的に見られるような戦後日本的な「茶化し」や「ズラし」の文化は、現在の日本の職場においては機能しなくなっています。その結果、現代日本の職場はユーモアが少なく、「真面目」な傾向を強めています。この章では、当時の日本の職場の状況と、アレクセイ・ユルチャク（ソビエト連邦で生まれた社会学者）が描き出した1960年代から1980年代のソビエト連邦後期の状況をパラレルなものとして捉えて、両者の「茶化し」「ズラし」の文化に共通する、「超越《ヴニェ》する」という考え方が、当時はユーモアを生み出すのに有効だったが、現在は有効でなくなっていることを指摘します。現状を打開するためには、「職業」という考え方をベースに、職場におけるユーモアのあり方をアップデートする必要があります。

第6章では、2020年からのコロナ禍が、本書で展開してきた「職業」という考え方の前提となっている「ジョブ型」の職場文化を社会に浸透させるのに寄与したのかという点について、主に女性労働者に焦点を当てて掘り下げていきます。コロナ禍の当初、テレワークが進むことは、職場における業務内容を明確化し、職場文化の「メンバーシップ型」から「ジョブ型」への変化を促し、女性労働者の働きやすさを増すものと期待されていました。しかし、現実にはそのような変化はあまり進まず、むしろ「メンバーシップ型テレワーク」とでも呼ぶべき日本的形態が生まれ、それは女性労働者の負担を重くしてしまいました。ここから分かることは、コロナ禍のような「外圧」によって、一気にジョブ型の職場文化が広まることはあまり期待できず、そのためには地道な啓蒙が必要だということです。

　補論ではありますが、本論とは独立した構成となっているので、こちらから先に読んでいただいても、内容は理解可能なものとなっています。

第５章　不安定な職場で「軽やかに」生きるために

――ポスト日本型雇用社会における茶化し／ズラしの条件

１．はじめに

日本型雇用社会の最終局面である１９８０年代後半から１９９０年代前半のバブル期においては、「真面目な職場を茶化すこと」が、職場におけるふるまいとして「よきこと」とされていました（職場における「茶化し」は、『私をスキーに連れてって』（１９８７年、馬場康夫監督）における不真面目なサラリーマンの表象など、バブル期の日本の作品でしばしば見られます）。しかし、そうしたふるまいは本書で扱ったような「職業」を軸にした仕事観へのシフトを生むことはありませんでした。それはあくまで、雇用が安定的に存続することを前提とした上での「茶化し」で、バブル経済が終わった途端に、日本の職場は「真面目」になっていったのです。

現在の秩序が安定していると信じているからこそできる「茶化し」は、その秩序が揺らいだ時点で、意味をなさなくなります。バブル期の日本社会の「茶化し」感は、同時代、『最後のソ連世代』（原題は『Everything Was Forever, Until It Was No More（なくなるまではすべてが永遠だった）』）においてアレクセイ・ユルチャク[62]が描き出した後期ソ連の人々[63]の「ズラし」の感覚と近く、ともに、１９９０年代以降、その依って立つ基盤が失われた時点で、弱くなっていきました。ロシア文学者の平松潤奈は、本書でのユルチャクの議論について「権力に寄生するかたちで自由を確保し非政治性を貫くことは、権力への対抗ではない」と論じていると指摘し、ロシア文学者の乗松亨平は、それが「日本の『しらけ世代』の問題と

62　アレクセイ・ユルチャクは、１９６０年レニングラード（現サンクト・ペテルブルク）で生まれた。レニングラード航空機器製造大学に進学し、電波物理学を専攻した後、研究員として働いていたが、87年からは仕事を辞めて、ロックバンド「アヴィア」のマネージャーを務めた。90年に渡米し、97年にデューク大学で人類学のPh.Dを取得した（半谷 2017:440）。現在は、カリフォルニア大学バークレー校の教授である。

63　ユルチャクの言う「最後のソ連世代」とは、ソ連時代に自己形成は終えていたが、ペレストロイカや90年代初頭の改革にすぐ適応して若手の「ポスト・ソ連人」になった人たち（１９５０年代半ばから70年代はじめに生まれ、ペレストロイカ時に大学入学年齢から30代だった人たち）である。彼らはソ連に生まれ、そこで成人して自己形成した後に突然の崩壊に直面した。「驚きとまさかという思い、場合によってはそれに伴う多幸感が、この世代を形作る基本原理である」とユルチャクは述べている（Yurchak 2005 = 2017:38-39）。

も並行する」と指摘しています（乗松・平松・松下・八木・上田 2017:50）。

この補論では、ユルチャクの紹介しているソ連の事例を詳しく紹介した後、当時の日本の職場の状況を振り返っていきます。そして最後に、不安定な組織における「茶化し」や「ズラし」を可能にする「職業」という考え方について触れたいと思います。

2．後期社会主義ソ連の生活

ソ連へのノスタルジーと後期社会主義のパフォーマティヴ・シフト

まずはユルチャクの議論を整理していきましょう。ユルチャクは、社会主義体制の崩壊以降、あれほど「抑圧的なもの」とされていたこの体制下の社会に対して人々がノスタルジー（郷愁）の気持ちを抱いていることに注目します。そして、その謎を解く鍵として、ソ連の体制を支える権威的言説が形骸化していったスターリン後／ペレストロイカ前の約30年間（おおよそ１９６０年代から80年代にかけて）の「後期社会主義」の時代に着目します。

ソ連の民衆が積極的に生活に取り込んだ社会主義は、それまでにない創造的で予想外な、上からの強要とは違う意味である――これは国家が掲げる課題に完全に一致する場合もあれば反する場合もあり、二項対立の賛否図式にぴったり重ならない場合もある。生活の中のこうした肯定的で創造的で道徳的な面は、疎外感や無意味さとともに、社会主義の現実の本質を成す一部だった。昨今の「ソ連ノスタルジー」が懐かしんでいるのは、国家システムやイデオロギー儀礼ではなく、この人間存在の重要な意味の方だ。それがよく分かるのが、多くの人が一九九〇年代半ば（ソ連の終わりがまだつい最近の、だが呼んでも帰らぬ過去になった時期）にソ連時代に抱いた感覚である。例えば、ある哲学者が一九九五年にこう述懐している。ソ連システムの崩壊から数年を経てやっと気づいたが、あの時代はどんよりした陰鬱さと背中合わせながら「偽りのイデオロギーだとどんなに批判しようと決して消し去ることのできない〈人間的な幸せの実感〉が確かにあった。……心地よい快適な生活は、恐怖と隣り合わせだが、歓待と成功と秩序があり、整備された公共空間があった」。レニングラードの写真家も同じことを言っている。「共産主義の崩壊」に歓呼の声をあげてから数年後に思いがけなく感じたのだが、あの政治制度とともに自分の生活から消えてしまったものが他にもある。ずっと個人的なもの、清らかで、希望や「誠実で無邪気

な情熱」に満ちた何かだ。（強調は原文、Yurchak 2005＝2017:12-13）

人々が懐かしがる「後期社会主義」の重要な特徴として、ユルチャクは、ソ連の権威主義的言説に「パフォーマティヴ・シフト」が起きたことを挙げます。「パフォーマティヴ・シフト」とは、権威的な言説の形式が画一化・定型化するとともに、そうした言説の表現の仕方の「パフォーマティヴ」な側面の重要性が高まっていくことを指します。「パフォーマティヴ」な表現とは、新たな意味を生み出したり現実を変えたりする表現のことです（一方、事実そのままの説明としての表現は「コンスタティヴ」な表現と呼ばれます）（同：24-33）。

> 権威的言説のパフォーマティヴ・シフトのおかげで、ソ連の日常生活にはそれまでなかった無数の予想外の意味や生き方、主体のありよう、共同体や人間関係などが生まれる可能性が開けた。（同：33）

この本では、「パフォーマティヴ・シフトによって、ソ連の日常に無数の新たな意味と形式がじわじわと現れてくる様子」（同：33）が、各章を通じて描かれ、「後期社会主義」の時代のソ連における人々の生活世界を追体験できるようになっています。

具体的に見ていきましょう。まずユルチャクは、第二章で、当時のソ連の行き過ぎた「形式主義」について、いくつかの実例を紹介します。印象的なエピソードを挙げましょう。

意味ではなく形式が重視される社会

形式の無条件の繰り返しを重視するあまり、どう考えてもおかしな意味なのに訂正しない、馬鹿げた事態もおきたりした。レニングラードにある「絵画装飾芸術コンビナート」という、都市の空間や建物に施すビジュアル・プロパガンダの製作工房で働いていた画家から聞いた話だが、一九八〇年代はじめにこの工房へ、十一月七日の革命記念日にあわせた党の命令が届いた。中心街のとある建物の壁面を長い横断幕で覆い、そこに党市委員会から送られてきたスローガンを書き込む仕事だ。だがこの時のスローガンは文面に間違いがあった。ある単語が欠けていて、文章が意味を成さないのだ。工房の画家たちは間違いに気づいたが、上の党組織の許可なしに修正する決心がつかない。工房の責任者は、市委員会のイデオロギー指導員に話をして、必要な修正をして欲しいと訴えた。しかし、指導員は

> 文面が間違っていることは認めたが、修正は取り合ってくれない——表現は上から、モスクワから来ていたので、何か個人的なものを付け加えるのは指導員もしたくなかったのだ。このエピソードにも、権威的言説が機能する重要原理が見て取れる。党のヒエラルキーの現場レベルでは、言説の言語形式を正確に再現することが重要であって、そこに含まれているはずの文字通りの意味に従うことは二の次だったのである。（強調は引用者、同：67）

こうしたことは、言語のレベルだけではなく、ビジュアル・プロパガンダの側面（定型化したレーニンのイメージやニュース映像で流される大規模集会の映像など）においても進行していたとユルチャクは述べています（たとえば当時、レニングラードのドキュメンタリー映画撮影所で働いていたユーリー・ザニン監督によると、１９７０年代の間、レニングラードの冬のニュースで使う新年の街並みのシーンでは、１９７０年12月に撮影した映像が使いまわされていました（同：73-74））。後期社会主義においては、差しさわりのない「ブロック（ひとまとまりの）作文」「ブロック作画」「ブロック映像」が大量につくられ、それらが大量にコピーされていくことで、言説が画一化、硬直化していき、「形式」が「意味」を凌駕していったのです。

そのことを、「人々が形式的で無意味なイデオロギー言説に抑圧されていた」と見るのではなく、人々がそうした言説の「発話の伝える意味から解放された」（強調は引用者、同：61）と捉えるところにユルチャクの議論の独創的な点があります。「形式のヘゲモニー（覇権）」（同書の第二章のタイトル）のなかにありながら、人々はパフォーマティヴにふるまうことで、権威主義的な言説に新たな意味を付与していったのです[64]。

「活動家」と「異論派」

当時のソ連においては、権威主義的な言説をそのままの意味で受け取っている人たちは少数者で、「ふつうの人」は、そんなことはしていませんでした。言説を「形式」としてではなく、内容も含めて真面目に捉えている人は、「活動家」（政府の活動に積極的に賛成する人）

64　ユルチャクは、ソビエト言語を論じたミハイル・エプシュテインが、（一）ソ連の権威的言語が他を圧倒して現実の唯一の表象となり、ソ連の人々に受け入れられている、（二）聞き手から見た言語の機能は、現実を記述して世界についての事実を述べること（コンスタティヴな機能）のみである、（三）言語の現実説明の適否は不問に付され、反論もできないという三つの前提に立って、ソ連の人々の世界を、リアリティのない模擬（シュミラークル）と捉えたことを批判している。実際は、ソ連の人々は、権威的言説のパフォーマティヴな解釈を通して、「リアリティある新たな形式や意味の生産に勤しみ、実感のある、複雑で『実世界』に根ざしたものをつくることができた」（Yurchak 2005 = 2017:98）のである（同：97-98）。

とか「異論派」（政府の活動に明確に反対の立場をとる人）と呼ばれ、「ふつうの人」には煙たがられていたとユルチャクは述べています。

活動家と異論派では、権威的言説に対する態度が正反対のようだが、実は共通点が多い。理想主義者の「活動家」と「異論派」は、権威的言説を文字通りに受け取る――活動家は忠実な現実描写として、異論派は嘘八百の現実描写として。「活動家」は、権威的言説のいう社会主義を信じて疑わず、自覚や勤労意欲の向上を人びとに呼びかけ、新聞や地区委員会に投書して責任者の法律違反を訴えたりする。若い世代に本物の活動家がいるのは稀で、そうした人に出くわすと、多くの人は目を疑う。あいつは何者だ、生真面目な堅物か、世間知らずのお人よしか、それとも鉄面皮の出世主義者か。（同：138）

後期社会主義の若者世代にとって、本物の異論派と知り合うのは、本物の活動家と知り合うくらい珍しいことだった。（同：142）

第三章以降では、「活動家」でも「異論派」でもない、後期社会主義のソ連に生きる「ふつうの人」が、権威主義的な言説を、どのようにパフォーマティヴに表現していったのかが、具体的に紹介されていきます。「ふつうの人」は、こうした表現を通して、「活動家」でも「異論派」でもない「仲間」（ユルチャクは、ロシア語で「スヴァイー」と呼んでいます）としての意識を強めていきました。

デモ行進という「お祭り」

たとえば、毎年恒例のメーデー（5月1日）と革命記念日（11月7日）のデモ行進は、「ふつうの人」にとって、「一面ではわずらわしい強制的な義務だが、同時に心弾むお祭りでもあった」（同：160）とユルチャクは述べています。参加者は権威的言語で書かれた横断幕やスローガンを掲げ、拡声器の呼びかけに応えて「ウラー（万歳）」と叫びます。しかし、「全員一斉に〈ウラー〉って叫ぶのは気持ちよかった」（参加者の述懐）という言葉からも分かるように、それは、本来の目的（共産党のイデオロギーの確認）とは離れた「お祭り」でした。ユルチャクは、コムソモール（若い世代にイデオロギー教育を施す政治組織[65]）の書記の、次の

65　半谷（2017:451）を参照。

言葉を紹介しています。

> デモ行進は、もう一つのお祭りだった。友人知人に会えて、一緒に騒げるからね。単なるイデオロギー行事じゃなかったというわけさ。……メーデーのデモは、たいてい天気も良いし、ようやく明るく暖かくなってくる。みんなウキウキしている。楽しい時間さ。子供もたくさんいた。子供はデモが大好きだ。だってそうでしょう、手に風船を三つ持たされ、旗が渡されることもあるんだよ。子供は大満足さ。スローガンには誰も注意を払っていなかった。（前半の強調は筆者、後半の強調は引用者、同：161）

デモ行進の最中、権威主義的な言葉を叫び、それに対して参加者が「ウラー！」と叫ぶのを、コンスタティヴな（字義通りの意味を表す）表現と捉えると、彼らは、こうした言説を信じ切っている集団に見えるでしょう。しかし実際は、彼らはこうした言説のパフォーマティヴな表現（お祭り騒ぎをするための「コール＆レスポンス」としての表現）を通して、権威主義的な言説のもつ本来の意味をはぎ取り、新しい意味を付与していったのです。こうしたことは、他の多くの祝日のイベントについても見られました。こうしたイベントにおいては、

「権威的発話の形式は再生産されているが意味が変化している」（同：162）状況が見られたと、ユルチャクは述べています。

超越《ヴニェ》する

権威主義的な言説のパフォーマティヴな表現は、デモ行進のような大規模なものだけでなく、小さな規模の集団においても見られました（同：169）。それは、様々な場所において生じた「システムの内部にいてその一部として機能しながら同時にその枠外の別の場所にいる生き方」（強調は原文、同：173）でした。

ユルチャクは、１９５８年生まれのインナという女性が、当時、「軽やかに暮らし」「とても楽しい生活をしていた」と述懐していることに注目し、その「軽やかさ」や「楽しさ」のベースに、「超越《ヴニェ》する」という行為[66]を見出しています。

66　「超越《ヴニェ》」という言葉は、インナ自身が、ソ連の現実への接し方について「私たちは言ってみれば超越《ヴニェ》していました」「私たちは社会的地位なんか超越《ヴニェ》した存在でした」と語る際に使っている（Yurchak 2005 = 2017:176）。この言葉自体は、ロシアの文学研究者、バフチンに由来する用語である（同：180、半谷 2017:446）。

こうした言い方（「軽やかに暮らし」「とても楽しい生活をしていた」という言い方、引用者注）が物語るのは、真面目な考えや意欲や政治的責任感の欠如ではない。権威的言説を文字通りの意味で体現した政治・社会のありようとは違うものを志向し、文字通りの意味を超越《ヴニェ》した面白い充実した創造的な生活を送ることだった。（強調は原文、同：178-179）

「後期社会主義の下では大半の主体・公衆と国家との相互関係が、程度の差はあれ、このヴニェの原理に基づいて構築されていた」「これが後期ソ連システムの存在と再生産の中心原則となっていた」（同：179）と説明される「超越《ヴニェ》する」という行為について、ユルチャクの挙げている多くの例のうち、ひとつ、紹介しましょう。

スチョーブの例

ユルチャクは、「ヴニェの皮肉の見事な実例」（同：378）として、１９８２年にレニングラードのコムソモール委員会の書記であったアンドレイが、29歳の誕生日に、委員会の友人たちから送られた「個人調書」を挙げています。これは、アンドレイ自身も作成に手を貸したもので、委員会の部屋で友人たちと一緒にお茶を飲みながら作ったものでした。

その「個人調書」は、多くのソ連企業の人事課が使う公式の用紙（「人民集計のための個人調書」）に記入されていて、内容の一部は以下のようなものでした（同：377-383）。

・「出生地」→「下かあちゃん出べそ村」（猥褻な含みがある）
・「社会的出自」→「楽市出身」（非ソビエト的、非プロレタリア的な革命前のもの、イデオロギー上の異分子である）
・「党籍」→「党淫」（「党員」と書くべきところを、「メンバー、構成員」の意味でありながら、「男根」をも意味する隠語を書き、卑猥な言葉遊びをしている）
・「アンドレイの入党日」→「32.13.01」（01年13月32日、ありえない数字である）
・「党員証番号」→「0.75」（ウォッカ１瓶の容量＝０・75リットルを指す。コムソモール委員会のメンバーでよく飲んでいた）
・「コムソモール員か、いつからか、会員証番号は」→「ずっと」（アンドレイがコムソモール員になったのは、進んで手を挙げたのではなく、コムソモールに在籍することは、ほぼ不可避のソ連の若者の実情であった。そのことを皮肉っている）
・「学問的な業績や発明があるか」→（一）「パラノイア淋病がエリック・バードンの最適音

響の位相構造に与える影響の再考」（エリック・バードンは、英国のロックバンド、アニマルズのミュージシャン。ソ連ではあまり有名ではないため、アンドレイが英米のロックにのめりこんでいることを示唆している。「パラノイア淋病」とは梅毒の長期作用でおきる精神障害のことと考えられ、アンドレイの書記としての行動に馬鹿ばかしさと卑俗さを付け加えている。アンドレイは、コムソモール員を党のイデオロギー課題の遂行に動員しつつも西側ロックの録音を熱心に集め、しかもコムソモールの定型演説ではロック批判を口にしていた。関係のない二つを結びつけることで、そのような行動のちぐはぐさを強調している）、（二）「極端な条件での育毛顔面覆い」、（三）「長寿の秘訣」（アンドレイは濃いヒゲをはやしていたため、大学時代から「じいさん」というあだ名で呼ばれていた。アンドレイによると、この文言には、当時老人ばかりになっていた党の最高指導部へのひそかな当てこすりもあったという[67]）

・「勤労活動をはじめてから取り組んだ仕事（大学・高専教育、兵役、パルチザン活動、兼職を含む）」→「（大祖国戦争時の）パルチザン活動」「ポロジノの戦いに参加（１８１２年９月）」「白系干渉軍から極東を解放（１９２４年）」「ベルリン占領（１９４５年）」（すべてアンドレイの生まれる前のパルチザン活動のようなものであるし、質問文でそれが「兼職」と並んでいること自体が馬鹿ばかしい）

・人生の「歴史的事件」→「１９３７年」「１９３８年」「１９３９年」（スターリンの大テロルの年。活動内容は何も書かずに横線が引かれている。この年々が権威的な記述から抹消されていることが暗に示されている）

・「政府表彰はあるか」（アンドレイは勲章やメダルとは縁のない人生を送っていた）→「聖ゲオルギー十字徽章」（革命前のロシア帝国のものである）、メダル「第四回警察犬審査会、ベルヂーシチ」（アンドレイが犬であることになっている）、「板塀友好勲章」（民族友好勲章という国際主義的な活動への貢献をたたえる勲章があるが、その「民族」を「板塀」に替えて権威的なイデオロギーを俗化し、酔っ払いと関連づけている。アンドレイが学生時代、飲んでばかりだったことは他のところで暗示されている[68]。「塀と仲良し」は、酔っぱらって塀の下で寝ることを指す）、メダル「雄猫チホン君へ、愛する雌猫たちより」（アンドレイが猫になっている）

ここで、アンドレイの仲間（スヴァイー）たちが行っているのは、「スチョーブ」と呼ばれ

67　アンドレイがインタビュー中に思い出したことである（Yurchak 2005＝2017:380）。

68　アンドレイの「個人調書」の履歴のところには、「一九七〇年から一九七五年」＝大学とあるが、この欄には「はっきりしない」と書いてあり、学生時代、彼が飲んでばかりだったことが暗示されている（Yurchak 2005＝2017:382）。

るものです。ユルチャクは以下のように説明しています。

> スチョーブは皮肉の一ジャンルだが、語り手が皮肉の対象に過剰同調するのが特徴である。
> 対象を心から支持しているのか、うすら笑っているのか、はたまたその奇妙な同居なのか
> が断定できない。スチョーブの主体が敢えて曖昧な相互矛盾に思える関係をつくり、驚く
> べきことに心の底からの支持と嘲笑とを同居させ、けむに巻く場合もある。権威的シンボ
> ルへの過剰同調のほかに、脱コンテクスト化も行った（シンボルを通常と違ったコンテクス
> トに置く）。この二つの方法を用いて、スチョーブは権威的なテキスト・儀礼・イメージ
> のコンスタティヴな意味をずらし、予想外な意味にしたり、消し去ったりした。周知の権
> 威的シンボルが突如意味不明になったり、馬鹿げたものや無意味なものになったりした。
> （強調は原文、同：356-357）

後期社会主義では、このような「超越《ヴニェ》」がいたるところで行われていたとユルチャクは述べています。そしてそれが「活動家」でも「異論派」でもない、「ふつうの人たち」の仲間（スヴァイー）意識を醸成していきました。彼らは、権威的な言説を茶化したり、骨抜きにし

たり、新しい意味を与えたりしながら、一見抑圧的な体制の下にありながらも、「軽やかに暮らし」「とても楽しい生活をしていた」のです（この本では、こうした事例が、他にも豊富に紹介されています）。ただしそれが、体制への直接的な批判に向かうことはありませんでした（事実、アンドレイに関しても、共産主義の理想に対しては「誠実に接していた」（同：383）と述べられています[69]）。彼らはまさしく「システムの内部にいてその一部として機能しながら同時にその枠外の別の場所にいる生き方」（強調は原文、同：173）をしていたのです。

後期社会主義のソ連からバブル期の日本へ

この本の訳者である半谷史郎は、このような後期社会主義ソ連の社会について、「社会主義の正しさを信じ、なおかつ社会主義に反することをする――このような矛盾する要素の併存こそ、実は後期ソ連の社会のあちこちで見られたこの時代の特徴なのだ」（半谷 2017:442）

69　ユルチャクは、後期社会主義ソ連の「スヴァイーの公衆」の対極にあるものとして、ナンシー・フレイザーの「対抗公衆《カウンターリパブリック》」を挙げている。スヴァイーの公衆は、ソ連システムや権威的言説へのあからさまな異論表明を避けるので、それは対抗言説とはなりえない。対抗言説を生み出すのは、異論派や異論派文献の積極的な読者の共同体であり、彼らこそ「対抗公衆」であったとユルチャクは述べている（Yurchak 2005＝2017:169）。

と述べています。ここで、社会主義を「会社主義」（集団主義的、権威主義的で形式主義的だが人々に安定した雇用を保障する日本型経営のあり方をよしとする考え方）と言い換えれば、同じことは当時の日本にも当てはまるでしょう。バブル崩壊の前夜、「会社主義の正しさを信じ、なおかつ会社主義に反するようなことをする」ようなふるまいが、日本の各地で見られました。次節では、当時の日本の状況について、ユルチャクの用いた枠組みを援用しつつ、見ていきましょう。

3．バブル以前の日本の生活

『かりあげクン』と二重化した職場世界

会社のやり方に形式的には合わせつつ、それをかいくぐって自分の好きなことをする。そうしたふるまいは、ユルチャクの描く後期社会主義におけるソ連の人々のふるまい＝パフォーマティヴなふるまいと似ています。彼らは堅苦しい形式とそこから逃れる自由な活動の楽しさという、二重化した世界を生きていたと言えます。

当時のこうした職場の様子をよく表しているのが、１９８０年代、大ヒットした植田まさしの４コマ漫画、『かりあげクン』です。

『かりあげクン』は、１９８０年に『Weekly 漫画アクション』で連載が開始されました。主人公である「かりあげクン」こと、かりあげ正太が巻き起こす騒動を描くギャグ漫画です[70]。第1巻を中心に、かりあげクンのふるまいを、ユルチャクの枠組みを援用しながら、見ていきましょう。

まずは、言語のパフォーマティヴな読み替え（言葉を読み替えることで、新たな意味を生み出したり現実を変えたりすること）による、茶化しの例を見ていきます。

70　『かりあげクン』は、現在も「月刊まんがタウン」と「週刊大衆」の2誌で連載中である。２０１６年、第45回日本漫画家協会賞、カーツーン部門大賞を受賞した（「『かりあげクン』連載開始40周年！『カリアゲ40 thプロジェクト』始動!!」、https://prtimes.jp/main/html/rd/p/000000199.000014531.html）。

社員心得（植田まさし『かりあげクン』第1巻、16ページ（双葉社））

にわか雨（植田まさし『かりあげクン』第1巻、44ページ（双葉社））

続いて、形式的には同調しつつ、裏でまったく別のことをするという、身体表現のレベルでの茶化しの例を見ていきます。

電話（植田まさし『かりあげクン』第1巻、50ページ（双葉社））

かりあげクンは、堅苦しい会社の仕事から「超越《ヴニエ》」した存在で、作品では、彼が「軽やかに暮らし」「とても楽しい生活をして」いる様子が描かれます。彼は、後期社会主義のソ連に生きてきた人々と同じく、「システムの内部にいてその一部として機能しながら同時にその枠外の別の場所にいる生き方」（ユルチャク）をしていると言えるでしょう。

重要なのは、かりあげクンは会社を解雇されることもなく、課長や同僚も、彼を「仲間」

と見ていることです。彼らは時にかりあげクンの「茶化し」に付き合ったり、それを見て（好意的に）苦笑することもあります（課長が率先して茶化すのをかりあげクンが見ていたり、かりあげクンの「茶化し」を他の同僚たちが苦笑しつつ見ている場面が、しばしば描かれます[71]）。彼らは、自分のなかにもある「かりあげクン的なもの」を通じて、職場のなかにおける「仲間（スヴァイー）意識」を醸成しているのです（だからこそ、この作品は当時、多くの人に愛されたし、現在も「あのころ」をノスタルジックに回顧する際に引き合いに出される作品となっているのでしょう）。

『かりあげクン』には、「会社主義」のズラし、茶化しをネタにしたお笑いが満載です。それは、先に紹介した『最後のソ連世代』のなかで紹介される後期社会主義期のソ連における「茶化し」や「ズラし」と多くの共通点をもつものです。彼らは、抑圧的ではあるが安定した職場（社会）が「永遠に続く」と思いつつ、それをズラしたり茶化したりしながら、楽しく生活していました。しかしそれは、職場（社会）そのものの批判へと向かうことはありませんでした。そして、バブル崩壊（ソ連崩壊）とともに、こうした安定的な職場（社会）は

71　第2巻には、泥棒の頭巾を被りながら賞与を受け取っているかりあげクンのことを、他の同僚たちが笑いながら見ている1コマ漫画がある。

終わりを告げるのです。

4．戦後日本とソ連の相似性

戦後日本の「ソ連化」の最終局面としてのバブル期

以上で見てきた、後期社会主義時代のソ連とバブル期以前の日本の相似性は偶然のものでしょうか。少し寄り道をして、そのことについて考えてみます。政治学者の原武史は、戦後日本を「ソ連化」という側面から捉えています。この考え方によると、「抑圧的であるが安定している」という特徴をもつ戦後日本社会の形成における、ソ連の影響がよく分かります。原は、戦後日本を「アメリカ化」と「ソ連化」のせめぎ合いのなかで捉えようとしていますが（原 2017:232-233）、バブル期はその最終局面であり、ソ連の終焉とその後の新自由主義化によって、はじめて戦後日本が純粋に「アメリカ化」したとも言えるでしょう。

管理教育と団地の日本

原が戦後日本の「ソ連化」のメルクマール（指標）としているのが、「団地」と「管理教育」「会社主義」です。これらについては、『滝山コミューン一九七四』（原 2010）、『団地の空間政治学』（原 2012）、『レッドアローとスターハウス―もうひとつの戦後思想史』（原 2012）という本にまとめられています。

『滝山コミューン一九七四』は、「1969年から75年まで、小学1年から中学1年までの6年あまりを、6－2－10、つまり滝山団地2街区10号棟で過ごした」（原 2010:15）という原自身の回顧録的な作品です。原は、学生運動などに代表される「政治の季節」が終わった1970年代以降、地域の共同性が失われ、人々が「私生活主義」に向かっていったという「典型的な『戦後史観』」（同：21）に異を唱え、以下のように述べます。

ここで注意すべきは、70年代という時代は、一部の学生や知識人以外にも、社会主義の理想がまだ根強く信じられていた時代であり、「政治の季節」が終わったからといって、その理想までもが放棄されたわけではなかったことである。（同：22）

ソ連的な社会主義の理想は、１９７０年代以降、滝山団地のような新興の団地で生き延び、具現化されていったと原は指摘しています（より広い文脈での団地と革新勢力の分析は原(2012)、原（2019）で行われています）。それが、原の通っていた小学校の教育に大きな影響を及ぼすことになります。

> 私が小学6年生になった１９７４年、七小（東久留米市立第七小学校のこと：引用者注）を舞台に、全共闘世代の教員と滝山団地に住む児童、そして七小の改革に立ち上がったその母親たちをおもな主人公とする、一つの地域共同体が形成された。たしかにごく一時的な現象ではあったけれども、「政治の季節」は、舞台を都心や周縁部の山荘から郊外の団地へと移しながら、72年以降もなお続いていたと見ることもできるのである。
>
> 私はここで、国家権力からの自立と、児童を主権者とする民主的な学園の確立を目指したその地域共同体を、いささかの思い入れを込めて「滝山コミューン」と呼ぶことにする。
>
> （同：23-24）

しかし、「滝山コミューン」の内実は、（ソ連の社会システムがそうであったように）理想とされた民主主義とは程遠い、集団主義的、権威主義的で抑圧的な教育でした。それは、原自身に「消しがたいトラウマ」（同：20）を残すほどのものでした。原は同書をめぐるインタビューのなかで以下のように述べています。

インタビュアー（編集部　多川）　わたしが異様に感じたのは軍隊の集団統制のような「班づくり」、「班行動」[72]です。確かに自分が小学校の頃も「班」はありましたが、それは給食や掃除などの役割分担のためのもので、この本にあるような同じクラスの生徒たちを班同士で敵対視させ、競わせることで、集団的能力のレベルアップを図るような苛烈なものではなかったです。民主主義的教育と掲げつつ、中身は完全に社会主義的集団教育ですよね。

72　原によると、「班」という言葉は、１９６２年に結成された「新日本婦人の会」（日本共産党系の婦人団体）が、最小単位の組織を意味する用語として使っていたが、一般にはなじみがなかった。全国生活指導研究協議会が、陸海軍が解体されて以来、長らく死語となっていたこの言葉を、60年代になって学校教育の現場に持ち込んだのである。（原 2010:66）

原　「班による学級づくり」を提唱したのは、全国生活指導研究協議会（略して全生研）という日教組から分かれた民間教育団体のひとつ。全生研が強調した集団主義教育の基本理念というのが「大衆社会の中で子どもたちの中に生まれてきている個人主義、自由主義意識を集団主義的なものへと変革する」。その文言からして、スターリン時代のソ連の教育学者、マカレンコの影響が色濃く反映されていることは確かでしょう[73]。でも表向きは「民主主義的教育」。絶対に共産主義とは言わなかったですね。

インタビュアー　班ごとに評価査定項目があったり、課外活動の係を決めるのも立候補・選挙制で、総会と称する学級会で自分たちがいかにその係にふさわしいかの声明文を読み上げる。しかも、何の係も与えられなかった班は「ボロ班」「ビリ班」などと呼ばれる。これはソビエト式の集団教育なんですか？

原　というか、本家ソビエトより日本の方がもっと徹底していましたね。少なくともマカレンコの著作には、個人を特定しない形で集団の規律を重んじるような工夫が凝らされていましたので、「ボロ班」や「追求」[74]に相当する言葉は出てきません。いまだに

73　原は、この文章に関して、「世界が東西の二大陣営に対立していた時代にあって、まだ理想の輝きを失っていなかった社会主義からの影響が濃厚にうかがえる。『個人』や『自由』は、『集団』の前に否定されるのである」（原 2010:60）と述べている。

74　「追求」とは、自己批判を要求して相手に激しく迫ることを指す。全共闘の学生による「追及集会」をルーツにもつ（原 2010:299）。原は、生徒同士での「追求」の経験を生々しく記述している。

七小は、それを教師でなく、児童自身が実践した珍しい事例に属していた。児童が児童に自己批判を迫ったという点で、それは追及集会よりもむしろ、連合赤軍などの「総括」に似ていたといえるかもしれない。

> 私は自己批判を拒否した。
>
> 代表児童委員会による「追求」をかわし、小会議室のドアを開けて逃げ出した私を、朝倉（原の同級生：引用者注）ら数人が追いかけてきた。私は本校舎一階東端の図工室に走り込み、千葉先生（日教組の非組合員で、集団主義的な教育には批判的であった：引用者注）に助けを求めた。後に続いて図工室に入ろうとした児童たちを千葉は一喝し、追い払った。自分には強力な味方が一人いるのだという実感が湧いてきた。
>
> どれほど心強かったかわからない。
>
> だが、このことは担任の三浦先生（ベテランの教員。千葉と同じく日教組の非組合員であった：引用者注）にも打ち明けることができなかった。「追求」を迫られたのは一度きりで、その後は朝倉が私に何か言ってくることもなかったものの、校庭で４年の学級委員から石を投げられたときにはさすがに愕然とした。（同：301-302）

「追求」に関しては、私自身も80年代、悪しき管理教育の一例としてしばしば耳にして、ゾッとした覚えがある。

ね、林間学校を前に6年生全員を集めて体育館で開かれた総会とか、当時のことを思い出すと背筋が寒くなる。

インタビュアー　それほど苛烈な集団主義的教育は、先生の住んでいた地域だけでなく全国的に行われていたものなんですか?

原　拙著を読んで「自分も似たような体験をした」という声は、同世代はもちろん、かなり下の世代からも聞こえてきました。だから想像以上に浸透していたと思います[75]。

『滝山コミューン一九七四』を読んで、現在40歳代以上の人なら、ほとんどの人が完全に「他人事」とは思えないのは、１９８０年代に日本全国に広まった管理教育＝集団主義的教育の萌芽をそこに見るからでしょう。社会問題ともなった管理教育の不自由で集団主義的な性格は、１９８０年代、様々なかたちで若者たちによって糾弾されました[76](その象徴が、管理教育の不自由さを糾弾したシンガーソングライターの尾崎豊でした)。

管理教育と会社主義

そして、その延長線上にあったものが「会社主義」でした（集団主義にもとづく管理は教育と雇用にまたがるもので、管理教育を批判した尾崎豊も、返す刀で「サラリーマンにはなりたかねえ」[77]と会社主義を痛烈に批判しました）。原は、『レッドアローとスターハウス―もうひとつの戦後思想史』のなかで、戦後日本の代表的な企業である西武の社員運動会と日本共産党のアカハタ祭りを例に、戦後日本企業の「大家族」的な体質とソ連的な集団主義の間の相似性を指摘しています。

> アカハタ祭り実行委員長・土岐強の「わたしたちはみなアカハタによって結ばれた家族です」というあいさつは、前述した堤康次郎の大家族主義を思い出させないであろうか。

75　「政治学者　原武史さん　インタビュー　第３回　１９７４－２０１１　団地の過去・現在」（さりとて、http://salitote.jp/people/interview010-3.html）

76　当時の集団主義的な教育に関しては、70年代にも問題になっていた。原は、１９７３年に朝日新聞の社会面に連載されていた「いま学校で」と題するコラムで、川崎市のある小学校の四年生のクラスに導入された「班競争」に苦しむ班長の様子が報告されていることを紹介している（原 2010:107-110）。

77　１９８５年のアルバム『回帰線』に収録された「Ｂｏｗ！」の歌詞の一節。

「親」である康次郎が姿を見せるや、「会場から一斉に拍手がわき起」（『西部』63年11月15日：引用者注）るのは当然だろうが、アカハタ祭りでも野坂参三のサインをもらおうとする人々の行列ができ、「いれかわり立ちかわり、さしだす本のとびらにサインする野坂さんは一息いれる暇もな」（『アカハタ』64年9月28日）かったというのだから、よく似た光景が現れたわけだ。（原 2019:237-238）

原は日本企業の集団主義的な体質を、戦後日本とソ連との社会の共通性を示すものとして挙げています。それは「滝山コミューン」のような（見せかけは「民主主義」的な）「管理教育」と地続きのものでした。

「民主主義」を掲げ、官からの独立を志向しながらも、結果的にはそれとは相反する独裁国家のようなものを内部に築いてしまうところに、西武と「滝山コミューン」の共通点を読み取ろうとするのはうがち過ぎだろうか。（原 2010:102）

先に見たかりあげクンの「茶化し」の対象となっていたのは、こうした日本の「会社主義」だったのです。

原武史の「超越《ヴニェ》」する生活

話を『滝山コミューン一九七四』に戻しましょう。この本における原の議論の魅力的な部分は、彼が当時のことを「つらい過去」として振り返っているとともに、それに対してある種のノスタルジックな思いを抱いていることです。

> 私にとって、「滝山コミューン」の記憶は、暗く苦いものとして、にもかかわらず奇妙な懐かしさを伴わずにはいられないものとして、この30年間、ずっと奥底に沈殿したままになっている。（同：25-26）

注目すべきは、四谷大塚をめぐるエピソードです。原は、4年生のときから中学受験の進学塾として有名な四谷大塚に週に1回通い始めるのですが、彼にとってそれは、世界が広がる体験であるとともに、七小で孤立したり疎外感を味わったりした際の「安住できる場所」（同：92）ともなりました。原は、次のように述べています。

私は、いつしか七小に通う平日と、四谷大塚に通う日曜という「二つの自己」を、はっきりと使い分けるようになる。（同：91）

彼もまた、「超越《ヴニエ》」する生活を送っていたことが分かります。そのような生活に対するノスタルジーは、本論の最初に見た、ロシアの人々が後期社会主義期のソ連に対してもっていたものと同じ種類のもので、「抑圧的だが安定した社会」に特有の「解放感」へのノスタルジーなのかもしれません。津田正は、本書の評論のなかで、以下のように述べています。

原さんが記す滝山コミューンはかなり息苦しい場所である。その点、滝山コミューンという閉鎖空間からの逃れの場として、進学塾で有名な四谷大塚が救いになったことを正直に告白しているエピソードに来ると、原少年の伸びやかな声が聞こえてくるようだ。（強調は引用者、津田 2007）

原の一連の著作を読んでいると、戦後日本とソ連との相似性が偶然のものではなく、そこに集団主義という思想的な関連性があることが分かります（ただし、私自身が１９８０年代に見聞きした管理教育や、かりあげクンの時代の会社主義は、その思想的な部分が忘却され、形式主義的な側面のみが突出して目立つかたちで残っていました。事実、私は当時、集団主義的な教育に「滝山コミューン」で目指されていたような思想的な源泉があることは知らず、行き過ぎた「非行防止」対策だと思っていました）。しかし、ソ連が崩壊し、日本が本格的に「アメリカ化」すると、管理教育は自己責任を重視する「個性教育」＝「ゆとり教育」へと[78]、「会社主義」は新自由主義的な「業績主義」へと変容し、「抑圧的だが安定した社会」は終わりを告げます。原が郷愁の念を抱く、人気《ひとけ》の少なくなった滝山団地周辺の姿（原 2010:10）は、一定の年齢以上の日本人やロシア人が知っている、抑圧的だがいつまでも続くと思われていた「あの時代」の、苦くも懐かしい象徴なのかもしれません。

不安定な社会での「軽やかさ」の条件

日本型雇用社会における「茶化し」や「ズラし」は、後期社会主義期のソ連と同じく（当時は永遠に続くと思われていた）社会システムの安定性を前提としたものでした。そのため、その安定性が揺らぐと、「茶化す」とか「ズラす」といったふるまい自体が人々の間で共有されにくいものとなってしまいました（組織のなかでしか生きていけないのにクビになる恐怖が増せば、「茶化し」や「ズラし」が萎縮効果で弱くなっていくのも理解できるでしょう[79]）。

しかし、組織が不安定になったとしても、仕事に関する「別のあり方」が明確にあれば、それを「足場」にしつつ、仕事を茶化したり、そこからズラしたりすることもできるかもしれません。組織のなかだけでなく社会のなかで仕事を位置づけるような考え方（社会的役割を果たす「職業」としての仕事の考え方）が広まれば、別の、新しいかたちの「茶化し」や「ズラし」が生まれてくるかもしれないのです。「茶化し」や「ズラし」は、問題のある仕事があったとき、人々が一歩引いてそれを批判的に捉えるために必要なものです。

たとえば、『ＴＨＥ　ＭＡＮＺＡＩ』での優勝経験（２０１３年）もあるお笑いコンビ、ウーマンラッシュアワーの「バイトリーダー」という漫才は、飲食店のバイトという不安定な労働環境にもかかわらず、過剰なモチベーションと誇りをもって仕事に臨むバイトリーダーを茶化すものですが、それは、社会のなかにその仕事を位置づけた際に見えてくる別のあり方（会社に忠誠を誓う必要のない仕事）を足場に、彼の仕事に対する姿勢（組織のなかで求められる仕事のあり方）を茶化しているという点で、不安定雇用の時代における「新しい茶化し」と呼ぶことができるでしょう。また、第１章で見たような「職業人」たちの発するユーモア

（手術中に冗談を言う外科医の例など）も、社会のなかで求められる自らの役割（「役割の実現」としての「職業」）が明確だからこそ、組織のなかにおける仕事を相対化し、それを茶化したりそこからズラしたりすることができるのです。

組織が不安定になっても、社会のなかにおける「職業」という軸がしっかりしていれば、そこから距離をとり、職場のなかでの仕事を茶化したりズラしたりすることができます。

78　集団主義的な教育の終焉をソ連の終焉と関連づけつつ、原は次のように述べている。

> 80年代末のソ連・東欧諸国の崩壊は、「現代民主主義の流れがソヴィエト的権力による単一統制型の国家ではもはや市民社会的な民主化と共存しがたいことを証明した」（折出健二『市民社会の教育』、創風社、２００３年）。『学級集団づくり入門』第二版に見られたような、マカレンコの影響を受けた全生研の旧ソ連型集団主義に基づく生活指導は、ここに至ってその正当性を厳しく問われることになった。
>
> こうした時代の変化を受けて、全生研では90年、『学級集団づくり入門』第二版に代わる『新版学級集団づくり入門（小学校編）』（明治図書出版）を刊行した。前述のように、この本では「学級集団づくり」そのものは維持しながらも、「班競争」「ボロ班」「追求」などの言葉がすべて消えることになった。
>
> それから十五年あまりがたった。全生研を批判した『ひと』は休刊となり、「水道方式」（１９５０年代後半に生まれた教育法。旧来の教育に代わるものとして、滝山団地でも注目を集めた：引用者注）は死語となった。また従来の集団主義は、学校の現場では通用しなくなった。全生研でも、教師が権力をもつことに対する自覚と反省が、ようやく芽生えてきた（同：321-322）。

「ポスト日本型雇用社会」における茶化し／ズラしのためには、組織の安定性に左右されない、社会のなかにおける仕事＝「職業」という考え方が必須で、それこそ、現代日本において、かりあげクンのように「軽やかに」生きるための条件なのです。

〈第5章（補論Ⅰ）のまとめ〉

戦後の日本社会においては、「抑圧的な職場を茶化すこと」が「よきこと」とされていたが、こうしたふるまいが「職業」を軸にした仕事観への変化を促すことはなかった。

↓職場が安定的に続くことを前提とした「茶化し」「ズラし」は、その安定性が揺らいだ時点で、有効性を失う。

↓その「茶化し」「ズラし」感は、ソ連末期の人々の感覚と近く、後期社会主義ソ連（『最後のソ連世代』）とバブル期以前の日本（『かりあげクン』）には、共通点が多い。

↓戦後日本社会の「抑圧的であるが安定している」という集団主義的な特徴は、ソ連の影響が色濃い（戦後日本の「ソ連化」）。

↓一九九〇年代、戦後日本が本当の意味で「アメリカ化」し、新自由主義的な体制のもとで職場が不安定になったとしても、仕事に関する「別のあり方」があれば、それを足場に「茶化し」「ズラし」ができる。

↓職場の安定性に左右されない、社会のなかにおける仕事＝「職業」という考え方は、新自由主義的なポスト戦後社会において「軽やかに」生きるための条件である。

79　これを「自由」の問題として捉え直すと、バブル期以前の日本の職場における「自由」とは、「仕事からの自由」という「消極的自由」（バーリン、柿埜 2011:79）だったと言える。それは、ユルチャクが描き出した後期社会主義期のソ連と同じ種類の「自由」である。ユルチャクは、後期社会主義におけるパフォーマティヴな実践について、「これを契機にソ連の日常にあらわれた数多くの新たな意味や生き方や関心・関係は、権威的なテキストや儀礼の文字通りの意味と重ならないが、正面からぶつかることもない」（強調は引用者、Yurchak 2005＝2017:76）と述べている。

また、乗松亨平は、そのことを「自由になる相手＝Xへの依存」の問題として指摘している。

> 権力というXを標的として「Xからの自由」を目指し、「Xにとっての他者」であること、「Xではない」ことにアイデンティティを見出してきたソ連知識人は、その結果、「私はXである」、「私はXを目指す」という積極的なアイデンティティを十分育めなかったことになる。（乗松 2015:24-25）

何かに依存した「自由」は、その何かがなくなった途端、意味をなさなくなってしまうのである。

第6章　組織文化の「脱ジェンダー化」とテレワーク
――コロナ禍での失敗をどう生かすか?

1．はじめに

「日本型福祉社会」とは、男性の稼ぎ主と専業主婦の婚姻関係を前提に、育児や介護などのケア労働を女性の側に負担させることで成り立つ社会で、そこでの組織文化＝企業文化は男性中心的なものでした。たとえば、専業主婦と結婚している男性の労働者は、家庭のことは妻に任せることができるので、どれだけ遅くまで働いていても（ある程度は）問題ありませんし、休日も疲れていたら家で寝て、次の日に備えればよいでしょう。出産、育児によってキャリアが中断することもありません。しかし、女性の労働者はそうはいきません。女性が家事や育児の担い手となっている社会においては、彼女らは子どもの保育園の迎えに間に合うよう早く帰らなければいけませんし、平日、休日にかかわらず子どもの面倒を見なくてはなりません。出産休暇、育児休暇を取れば、その間、キャリアは中断してしまいます。家庭のことを妻に任せきりの男性のように、生活時間の大半を会社に捧げることはできないのです。男性中心的な性格をもった組織で女性の労働者が働き続けることは（男性の労働者と比べて）困難で、現在も、女性の社会進出の妨げになっています。

こうした組織文化を変化させ、（男女問わず）育児や介護をする労働者も働きやすい職場にするにはどうすればよいのでしょうか。残業に文句を言わない、休日出勤も喜んでする、上司が誘えばいつでも喜んで飛んでくる。こうした「組織人」が多数を占めるなかで、その組織の文化を変えることは難しいでしょう。しかし、そうした組織文化に染まり切らない社員が増えれば、このような組織文化は変化していくかもしれません。

この補論では、コロナ禍において「テレワーク」や「リモートワーク」が普及することで、「メンバーシップ型」の組織文化から「ジョブ型」の組織文化への変化が起こり、組織の「脱ジェンダー化」（性別による有利・不利がないような状態になること）が進むと期待されたが、現実にはそうならなかったことを確認します。その上で、このコロナ禍での重要な「学び」のひとつとして、「外圧」によってではなく「内発的」に組織が変わらなくては（「地道な改革」の積み重ね）、組織文化の脱ジェンダー化は進まないことを示したいと思います。最後に、本書で言う「職業」という考え方は、「ジョブ型」の組織文化のなかでこそ育まれやすいものであり、両者が互いに正の影響を与えつつ、新しい職場文化を生み出すことが期待できることを指摘します。

２．テレワーク、リモートワークへの期待

２０２０年にはじまったコロナ禍による「テレワーク」「リモートワーク」の普及は、労働者の組織内における評価を重視する「メンバーシップ型」の組織文化から労働者の仕事自体の評価を重視する「ジョブ型」の組織文化への変化を促し、男性中心的な職場を変化させるものと、当初、期待されました。

２０１７年に政府によって定められた「働き方改革実行計画」[80]においては、「柔軟な働き方がしやすい環境整備」の一環として、テレワークについて、以下のような記述があります。

テレワークは、時間や空間の制約にとらわれることなく働くことができるため、子育て、

介護と仕事の両立の手段となり、多様な人材の能力発揮が可能となる。（16ページ）

また、「日本型雇用システムから脱却するための３つの方法を分かりやすく解説」と題された２０１９年の記事（山田 2019）においては、より直接的に、男性中心的な日本型雇用システムを変化させていくための切り札として、テレワークが挙げられています。

著者の山田陽一は、日本型雇用システムが、「終身雇用」「年功賃金」「企業別組合」の三つの特徴的な制度の上に成り立っていることを示したうえで、その核心にある「メンバーシップ型雇用」の男性中心的な性格と、その限界を指摘しています。

「メンバーシップ型雇用」とは、終身雇用や年功賃金を保障するかわりに「仕事の内容・働く時間・働く場所を限定せず、会社に指示されるままに従う〝男性中心的な〟働き方」のことをいいます。このような働き方をする社員のことは「無限定社員」と呼びます。

80　「働き方改革実行計画」は、当時首相であった安倍晋三を議長とした「働き方改革実現会議」によってまとめられたものである（https://www.mhlw.go.jp/file/05-Shingikai-12602000-Seisakutoukatsukan-Sanjikanshitsu_Roudouseisakutantou/0000173130.pdf）。

さて、ここで押さえておかなければならないのが「メンバーシップ型雇用」による働き方は、「家庭・生活を支える専業主婦の存在なくして成立しない」という点です。無制限の長時間労働や全国転勤を甘受せざるをえない働き方であるがゆえ、日常の家事・育児は必然的に妻に委ねることになります。

しかしバブル崩壊後、経済成長が持続的に鈍化している昨今の日本においては、専業主婦の数は減少し「共働き世帯」が増加の一途を辿っています。現に２０１２年以降は共働き世代が純増していることが分かります。（山田 2019）

その上で、男性中心的な組織文化を変えていくためには、多様な働き方を認める必要があり、そのために必要な取り組みのひとつとして、『テレワーク』や『在宅勤務制度』の導入・推進」を挙げています。

このような多様な働き方を推進していけば、子育てや介護などでやむを得ず退職しなければならなかった従業員の離職率の低下に繋がるだけでなく、ワークライフバランスに積極的に取り組む企業としてのブランディングも図ることができます。（同）

こうした動きは、同時に、属人的な評価を重視するメンバーシップ型の組織文化から、仕事自体の評価を重視するジョブ型の組織文化への移行を促すと考えられました。経営コラムニストの横山信弘は２０１８年の Yahoo! JAPAN ニュースの記事で以下のように述べています。

テレワークはとても便利な働き方です。いっぽうで、テレワークで企業が求めるような成果を出すには、その働き方をする人の考え方や習慣を変えなければなりません。たとえ「メンバーシップ型」の雇用をしている日本企業に勤めたとしても、テレワークを選んだ以上、当然「ジョブ型」の働き方になるからです。（横山 2018）

３．「メンバーシップ型テレワーク」の誕生

テレワークへの期待が膨れ上がるなかで、２０２０年にコロナ禍に突入したわけですから、

「ピンチをチャンスに」と、旧来の組織文化を変化させるものとして、テレワークやリモートワークに対する期待は相当なものでした。コロナ禍がはじまった当初は、女性が働きやすくなることを期待する記事も見られました[81]。

しかし、そうした予想は裏切られ、現実はそうはなりませんでした。実際は、テレワーク、リモートワークが組織文化を変えていくのではなく、旧来の組織文化の方にテレワーク、リモートワークを合わせていくという現象が見られたのです。つまり、コロナ禍の日本においては、テレワークの本来の姿である「ジョブ型テレワーク」とは異なる「メンバーシップ型テレワーク」が誕生したのです。その結果、育児や介護をしている女性の労働者は、より厳しい状態に追い込まれることになりました。

具体的に見ていきましょう。

メンバーシップ型の組織文化の象徴としてしばしば挙げられるのが、朝、社員が全員集まって士気を高める「朝礼」です。社員が同じ時間に出社する日本企業に特有のこの風習は、フレキシブルな時間で働くこととの妨げになってきました。

コロナ禍になってテレワークが増え、朝礼もなくなるかと思いきや、多くの企業は「オンライン朝礼」という、新しい朝礼のスタイルを編み出しました。

Ｇｏｏｇｌｅで「オンライン朝礼」と検索すると、多くの会社が「オンライン朝礼をはじめました」「コロナ禍の影響でできていなかった朝礼をオンラインで再開しました」といった趣旨の記事をホームページにアップしています。

考えてみれば、テレワークになったからといって、最新のテクノロジーを使って朝礼ができるのであれば、企業としてはなくす理由はないでしょう。Ｇｏｏｇｌｅで検索すると、朝礼だけでなく、「オンライン夕礼（終礼）」も広く行われているようで、これでは、「時間の制約にとらわれることなく働くことができる」という、本来のテレワークの利点は損なわれてしまいます。朝と夕方というのは、ケア労働をする女性にとっては特に忙しい時間帯であり、「朝礼に出なくてはならないから」「夕礼（終礼）に出なくてはならないから」という理由で、時間のやりくりに苦慮する女性がいることは想像に難くありません。

また、いわゆる「島」と呼ばれる、日本の職場に特徴的な、上司の監督（監視）の下に配

81　女性リーダー育成を進めるコンサルティング会社が２０２０年４月16日に発表した「新型コロナウイルスが証明した〝日本の女性活躍〟の更なる可能性」という記事では、「新型コロナウイルスにより、日本人の働き方は一変しました。色々と対応が思索される中、今回をきっかけに多くの企業が従来の働き方から在宅勤務の実施、柔軟な働き方の受け入れを実施するなど、女性が活躍しやすい環境に一歩前進したのではないでしょうか」と述べられている（RR TIMES、https://prtimes.jp/main/html/rd/p/000000004.000054196.html）。

置されているオフィスの机の並びも、メンバーシップ型の組織文化の特徴と考えられます。

　驚くべきことに、こうした「島」のシステムもオンライン化されました。コロナ禍の日本では、部下の作業状況をチェックするオンライン上の「監視ツール」が開発されたのです。新田龍は、コロナ禍で広まっているテレワークの「監視ツール」の広がりについて報告しています（新田 2020）。「監視ツール」を使って「島」を管理する上司がケア労働に理解のある上司なら問題ないかもしれませんが、男性中心的な組織文化に染まった理解のない上司で、社内と同じ働き方を求められるとしたら、子どもの迎えのために途中で仕事を抜けたり、子どもの体調が悪くて少し休んだりといった、フレックスな時間で働くことは難しそうです。

　このように、これまでの働き方を変えずに仕事だけがオンライン化されれば、本来のテレワークの強み（フレックスな時間の活用）は生かされません。これでは、ケア労働を抱えた女性労働者が働きやすくなるとは考えづらいでしょう。

女性労働者の負担増

　竹信三恵子は、「在宅勤務『推進』のウラで、いま『子育て女性』たちが大変なことになっていた…！　ワンオペ育児に在宅ワークの二重負担…」と題した記事（竹信 2020）のなかで、コロナ禍の初期、２０２０年6月18日の日本経済新聞の記事を紹介しつつ、時間的にフレキシブルでないテレワークをせざるをえず、「疲れ果てた」と訴える女性労働者のケースを紹介しています。

この事例では、家の中に手がかかる2人の幼児がいて仕事に集中できないにもかかわらず、会社は通常通り朝8時半から夕方5時半までの勤務を求め、「苦肉の策」で、自宅前に駐車した車の中で「家の中の遊ぶ子供たちを気にかけながら勤務を続けるしかなかった」とされている。

つまり、会社が、出社しているときと同じように、夕方以降は働かないよう労働時間管理をしているため、子どもが寝た後に落ち着いて働こうとしてもできず、困っているということのようだ。（同）

竹信は、この女性が「疲れ果てた」背景として、以下の三つの問題点を挙げています。

まず、仕事と育児の二重負担による長時間労働を防ぐには、在宅ワークにも保育の保障システムが必要だが、それが整っていない中で、要求された量の仕事をこなすことが義務付けられている。

二つ目は、在宅ワークの特殊性を考慮し、働き手が求めれば仕事の量をも調整できる権限を保障すべきだが、それがない。

三つ目が、夫の支えが記事中に全く登場しないことからもわかるように、女性の「ワンオペ育児」が当然視されている。

その結果、この女性はフルタイムの仕事とフルタイムの育児の過重なダブルワーク状態に置かれてしまう。（同）

フレキシブルでない「メンバーシップ型テレワーク」の問題点（二つ目の問題点）に加え、企業、共働きをする夫のケアワークへの理解のなさ（一つ目、三つ目の問題点）が重なり、この女性の負担が増えているわけです。

さらに厄介なのは、ここに「テレワークをしている女性が保育園に子どもを預けるのはおかしい」という「社会」の無理解が加わることです。記事のなかでは触れられていませんが、この女性は、テレワークをはじめる前は通常に出社して働いていたこと、テレワークになった影響で、子どもを預けることができなくなったであろうことが予想されます。コロナ禍の影響で受け入れ側も厳しい状況に置かれるなか、幼児の受け入れを制限する際に、まず「テレワークをしている女性」が対象となることは想像に難くありません（小林美希は、コロナ禍において、子どもを預けられる親の「選別」がはじまったと指摘する記事のなかで、「保育園が親の育児力を奪うから、いくら大変でも在宅ワークなら預からない」という保育士の発言を紹介しています（小林 2020））。つまり彼女は、会社からは「これまでと同じ働き方」を求められるのと同時に、（実態を伴わない）「これまでと違う働き方」を理由に、新しく増えたケア労働もしなくてはならないという状況に追い込まれているのです。

「テレワークで女性が働きやすくなる」という幻想は砕かれ、むしろ「働きにくくなった」ということが、コロナ禍では明らかになりました。竹信は、労働政策研究・研修機構の周燕飛の研究[82]を参照しつつ、コロナ禍において、「男性と、未成年の子どもを持たない女性は、テレワーク制度によって休業率が大きく改善しているのに、未成年の子どもがいる女性だけは、休業率の改善度は小さい」ことを指摘し、その背景には、多くの未成年の子どもがいる

82　周（2020）において、引用されている調査データが紹介されている。

女性が「休業」という選択をせざるをえなかった状況があると考察しています（竹信2020）。これまで、仕事と育児や介護を両立できるような制度（とそれを支える、脱ジェンダー化された組織文化）をつくってこなかったツケが、コロナ禍で一気に噴出し、そのしわ寄せが、働く女性たちに集中することになってしまったのです。

4．新しい働き方に向かって

コロナ禍という「外圧」くらいでは、日本の企業組織の男性中心性は変わらないことが、今回の経験では明らかになりました。テレワークやリモートワークは、職場の脱ジェンダー化を進めるための「手段」に過ぎず、それだけで職場文化が大きく変化することはありません。会社からはこれまでと同じ働き方を求められ（「メンバーシップ型テレワーク」）、社会からは「テレワークだから」という理由で新たなケア労働を求められる。そんな「二重の負担」に苦しむ女性労働者は、今も広く存在しているでしょう。

重要なのは、組織文化の変化を促すような、「内発的」で地道な職場内での「意識改革」

や「制度改革」です。ケア労働が時間も体力も奪われる重労働であるという認識を広げるとか、必要以上に部下を束縛しないとか、「やるべき仕事」ができているかによって働く人を評価するとか、そうした改革を通じて、働く人々の意識を（少しずつでも）変えていく必要があります。当たり前のことのように思えるかもしれませんが、その先にしか、テレワークが女性の働きやすさに貢献するようなポスト「日本型福祉社会」の職場の姿は見えてこないでしょう。

最後に、本書のテーマである「職業」の問題にひきつけると、「ジョブ」そのものを組織から切り離し、社会のなかに位置づけることができるという点で、メンバーシップ型の職場よりもジョブ型の職場の方が、本書で言う「職業人」を育みやすいと言えるでしょう（もちろん、組織内の文脈でしか「ジョブ」を考えない人もいるでしょうが）。また、「職業」という考え方自体が、職場において、ジョブ型への推進力となることも考えられます。ジョブ型の職場の増加、「職業」という考え方の浸透、組織文化の脱ジェンダー化の流れは、相互に絡み合いながら、新しい日本の「働き方」へとつながっているのです。

〈第6章（補論Ⅱ）のまとめ〉

戦後日本社会における組織文化＝企業文化は男性中心的なもので、女性の社会進出を阻んできた。

↓このような組織文化を脱ジェンダー化するためには、メンバーシップ型の組織文化からジョブ型の組織文化への変化が必要である。

↓コロナ禍におけるテレワークやリモートワークの普及はこの流れを加速し、女性の働きやすい職場になると期待された。

↓現実は、テレワークが組織文化を変えていくのではなく、旧来の組織文化の方にテレワークを合わせていくという現象が見られた（「メンバーシップ型テレワーク」の誕生）。

↓女性労働者は、会社からはこれまでと同じ働き方を求められ、社会からは新たなケア労働を求められる「二重の負担」に苦しむこととなった。

↓組織文化の脱ジェンダー化のためには、外圧に頼るのではなく、内発的な改革を積み重ねるしかないということが、コロナ禍での経験から学ぶべき「教訓」である。

↓ジョブ型の組織文化においてこそ、本書で言う「職業人」のメンタリティは育まれやすく、また、「職業」という考え方は、ジョブ型の組織文化を推進する力ともなるだろう。

おわりに

本書を書くきっかけは、大学で「集団組織論」の科目を受け持ったことでした。その講義で、職場のなかで「仕事を怠ける」ということについて、無前提に「悪いこと」と決めつけている学生の意見が少なからず見受けられました。「怠ける」とラベリングすること自体、社会的に構築されたものであることを説明しても、「まだ、どうして悪いことでないのか分からない」といった意見が多く、軽くショックを受けました。そこで、学生たちに理解してもらうために考えついたのが、職場における仕事自体が二重の意味を帯びている（会社のなかにおける「仕事」と社会のなかにおける「仕事」）という説明の仕方でした。それが、本書の「職業」に関する分析のベースになっています。

そんな感じで本書を書き始めたのですが、書き終わってみると、私がこれまで書いてきたこと、考えてきたことを一歩前進させたような作品となりました。

最後に、私のキャリアのなかに、本書を位置づけておきたいと思います。

私自身、不安定なポスト戦後の時代を生きてきた団塊ジュニア世代として、これまで、社会学的な「セーフティネット」のあり方について模索してきました。具体的には、格差社会の「下」に落ちたとしても「ゆるく」働ける場所をつくりたいと、様々な提案をしてきました（『搾取される若者たち――バイク便ライダーは見た！』（２００６年）、『働きすぎる若者たち「自分探し」の果てに』（２００７年）など）。本書の第１部（働く人を守る「職業」）で展開した「やりがい搾取」批判、「カスハラ」批判は、その延長線上にあるものです。一方で、不安定な時代であるがゆえに、これまでの常識にとらわれない、オルタナティブ、イノベイティブな生き方も模索してきました（『地方にこもる若者たち　都会と田舎の間に出現した新しい社会』（２０１３年）、『「破格」の人―半歩出る働き方』（２０１４年）など）。本書の第２部（組織を強くする「職業」）で展開した「組織人」批判や地方におけるオルト・エリート論はその延長線上にあるものです。

「元気な人はもっと元気に、そうでない人はゆるく生きられる社会」というのが、私の考える理想の社会のあり方で、本書は、そのビジョンを、「職業」という概念を軸にまとめたものと言えます。

ただし、本書で論じてきたことは、まだ、アイデアどまりの仮説段階です。ここで提示した仮説の、量的、質的調査を通じた検証が本書に残された課題で、その結果については、数年先にお伝えする予定です。

2023年3月

阿部真大

謝辞

着任以来、私に自由に研究をさせてくれている甲南大学に、まずは感謝したい。教員になって以来、この本で7冊目の単著の出版であることが、この大学のホワイト法人体質を証明している。研究がうまく進まないとき、研究以外の仕事にやたらと精を出し、自らの「職業」を忘れがちな私に対して、定期的に研究者であることを思い出させてくれる本学の諸制度によって、私は研究者として研鑽を重ねることができている（本書もその制度のひとつ、サバティカル制度の賜物である）。そしてそれが教育者としての自分の質の担保にもつながっていると思っている。

また、原稿にコメントをしてくれた妻のゆり、本書を担当していただいた光文社の三宅貴久さま、江口裕太さまにも感謝したい。

多謝！

初出一覧

第1章、第3章、第4章

2022「ゲーム・チェンジャーとしての「職業の社会学」——カスハラ・やりがい搾取・ポスト日本型雇用社会」(『新社会学研究』第7号)に大幅に加筆・修正

第2章、第5章、第6章、コラム1、コラム2

書き下ろし

酒井直樹 2007『日本／映像／米国　共感の共同体と帝国的国民主義』青土社

Solnit, Rebecca,2009, *A Paradise Built in Hell: The Extraordinary Communities That Arise in Disaster,* Viking Adult. = 2020 高月園子訳『災害ユートピア なぜそのとき特別な共同体が立ち上がるのか』亜紀書房

高瀬武典 2012「インフォーマル・グループ／フォーマル・グループ」『現代社会学事典』弘文堂

竹信三恵子 2020「在宅勤務「推進」のウラで、いま「子育て女性」たち大変なことになっていた…！　ワンオペ育児に在宅ワークの二重負担…」（マネー現代、https://gendai.ismedia.jp/articles/-/74802?imp=0）

田久保善彦 2021「「健全な根回し」で効果的に仕事を進める方法」（GLOBIS CAREER NOTE、https://mba.globis.ac.jp/careernote/1034.html）

津田正 2007「書評『滝山コミューン一九七四』」（書評空間 紀伊國屋書店 KINOKUNIYA BOOKLOG、https://booklog.kinokuniya.co.jp/booklog/tsuda/archives/2007/08/post.html）

Tracy, Sarah J. & Scott, Clifton, 2007, *Dirty Work and Discipline behind Bars.* In Drew, S. K., Mills, M.B., Gassaway, B.M.（eds.）, *Dirty work: The social construction of taint,* Baylor University Press.

渡辺拓也 2017『飯場へ　暮らしと仕事を記録する』洛北出版

山田陽一 2019「日本型雇用システムから脱却するための 3 つの方法を分かりやすく解説」（テレワークナビ、https://www.nice2meet.us/can-old-school-employment-system-in-japan-work）

山田陽子 2021「人格崇拝と道徳的個人主義」デュルケーム／デュルケーム学派研究会著、中島道男・岡崎宏樹・小川伸彦・山田陽子編『社会学の基本 デュルケームの論点』学文社

山口二郎 2007『ポスト戦後政治への対抗軸』岩波書店

横山信弘 2018「テレワークに向いている人の性格とは、どんな「性格」か？」（Yahoo! JAPAN ニュース、https://news.yahoo.co.jp/byline/yokoyamanobuhiro/20180108-00080235）

Yurchak, Alexei, 2005, *Everything Was Forever, Until It Was No More: The Last Soviet Generation,* Princeton University Press. =2017 半谷史郎訳『最後のソ連世代　ブレジネフからペレストロイカまで』みすず書房

周燕飛 2020「コロナショックの被害は女性に集中　―働き方改革でピンチをチャンスに―」（JILPT リサーチアイ　第 38 回、https://www.jil.go.jp/researcheye/bn/038_200626.html）

Marx, Karl,［1867］1962, *Das Kapital, Erster band, Dietz.* = 2012 中山元訳『資本論　経済学批判　第1巻 Ⅱ』日経 BP 社

Maslow, Abraham,［1954］1970, *Motivation and Personality,* second edition, Harper & Row. = 1987 小口忠彦訳『人間性の心理学　モチベーションとパーソナリティ』産能大出版部

松田博 2012「ヘゲモニー」『現代社会学事典』弘文堂

Mills, Melanie, Drew, Shirley K., Gassaway, Bob M., 2007a, *Introduction.* In Drew, S. K., Mills, M.B., Gassaway, Bob M.（eds.）, *Dirty work: The social construction of taint,* Baylor University Press.

Mills, Melanie, Drew, Shirley K., Gassaway, Bob M. , 2007b, *Concluding Thoughts.* In Drew, S. K., Mills, M.B., Gassaway, B.M.（eds.）, *Dirty work: The social construction of taint,* Baylor University Press.

Mills, Melanie, Schejbal, Amy, 2007, *Bedpans, Blood, and Bile: Doing the Dirty Work in Nursing.* In Drew, S. K., Mills, M.B., Gassaway, B.M.（eds.）, *Dirty work: The social construction of taint,* Baylor University Press.

マインドシェア 2020『教育と研究の充実に資する大学運営業務の効率化と教職協働の実態調査【調査報告書】』

Merton, Robert, K.,［1949］1957, *Social theory and social structure: Toward the Codification of Theory and Research,* The Free Press, U.S.A. = 1961 森東吾・森好夫・金沢実・中島竜太郎 訳『社会理論と社会構造』みすず書房

元島邦夫 1993「労働組合」『新社会学辞典』有斐閣

NHK クローズアップ現代＋「カスタマーハラスメント」取材班編著 2019『カスハラ　モンスター化する「お客様」たち』文藝春秋

新田龍 2020「話題の「社員 PC 監視ツール」がテレワークを骨抜きにしてしまう、根本的理由」（ITmedia ビジネスオンライン、https://www.itmedia.co.jp/business/articles/2005/04/news011.html）

乗松亨平 2015『ロシアあるいは対立の亡霊　「第二世界」のポストモダン』講談社

乗松亨平・平松潤奈・松下隆志・八木君人・上田洋子 2017「共同討議　歴史をつくりなおす―文化的基盤としてのソ連」『ゲンロン 7　ロシア現代思想Ⅱ』

尾高邦雄 1995『尾高邦雄選集　第1巻　職業社会学』夢窓庵

大迫秀樹 2010「ガラパゴス化」『知恵蔵』朝日新聞出版

大西洋平 2018「「サバティカル休暇」導入企業が増加中　自己啓発や学び直しの取り組みに」（PRESIDENT Online、https://president.jp/articles/-/25201?page=1）

Interaction, The Bobbs-Merrill Company, Inc.= 1985 佐藤毅・折橋徹彦訳『出会い　相互行為の社会学』誠信書房

半谷史郎 2017「訳者解説　ずっと続くと思ってた、すべてが終わるその日まで　――最後のソ連世代の文化人類学的考察に寄せて」（Yurchak 2005 = 2017 所収）

原武史 2010『滝山コミューン一九七四　文庫版』講談社

――2012『団地の空間政治学』NHK ブックス

――2017『日本政治思想史』放送大学教育振興会

――2019『レッドアローとスターハウス　もうひとつの戦後思想史【増補新版】』新潮選書

Habermas, Jürgen, 1981, *Theorie des kommunikativen Handelns*, Suhrkamp Verlag, Frankfurt/Main. =1987 丸山高司・丸山徳次・厚東洋輔・森田数実・馬場孚瑳江・脇圭平訳『コミュニケイション的行為の理論（下）』未來社

本田由紀 2008『軋む社会　教育・仕事・若者の現在』双風舎

居郷至伸 2007「コンビニエンスストア」本田由紀編『若者の労働と生活世界　彼らはどんな現実を生きているか』大月書店

井口高志 2002「家族介護における「無限定性」　―介護者―要介護者の個別的な関係性に注目して―」『ソシオロゴス』26 号

池井戸潤 2011『鉄の骨　文庫版』講談社

――2016『七つの会議　文庫版』集英社

――2019『陸王　文庫版』集英社

柿埜真吾 2011「バーリンの自由論」『哲学会誌』35 号

河西宏祐 1993a「企業別組合」『新社会学辞典』有斐閣

――1993b「職業別組合」『新社会学辞典』有斐閣

――1993c「産業別組合」『新社会学辞典』有斐閣

経済産業省・中小企業庁 2018「我が国産業における人材力強化に向けた研究会（人材力研究会）報告書」（https://www.meti.go.jp/committee/kenkyukai/sansei/jinzairyoku/pdf/003_02_01.pdf）

北垣徹 2021「ドレフュス事件」デュルケーム／デュルケーム学派研究会著、中島道男・岡崎宏樹・小川伸彦・山田陽子編『社会学の基本　デュルケームの論点』学文社

小林美希 2020「「子どもを預かろうとしない」保育園への大疑問　子どもを預けるのは「親の甘え」なのか？」（東洋経済オンライン、https://toyokeizai.net/articles/-/362180）

久保真人 2007「バーンアウト（燃え尽き症候群）ヒューマンサービス職のストレス」『日本労働研究雑誌』No.558

参考文献

阿部真大 2006a『搾取される若者たち　――バイク便ライダーは見た！』集英社新書

――2006b「ポスト日本型福祉社会のケア労働」『Mobile Society Review　未来心理』Vol. 007

――2007『働きすぎる若者たち　「自分探し」の果てに』NHK 出版

安西祐一郎 2017「2045 年の学力（19）一流の教育者は一流の研究者」（読売新聞教育ネットワーク、https://kyoiku.yomiuri.co.jp/rensai/contents/204519.php）

新谷周平 2004「フリーター選択プロセスにおける道具的機能と表出的機能　―現在志向・「やりたいこと」志向の再解釈―」『社会科学研究』第 55 巻 第 2 号

浅田彰・中沢新一・東浩紀 2015「特別鼎談　浅田彰＋中沢新一＋東浩紀　現代思想の使命」『新潮』2015 年 4 月号

芦川晋 2015「自己に生まれてくる隙間　―ゴフマン理論から読み解く自己の構成」中河伸俊・渡辺克典編『触発するゴフマン　やりとりの秩序の社会学』新曜社

ベネッセ教育総合研究所 2018『幼児期の家庭教育国際調査　4 か国の保護者を対象に（速報版）』（https://berd.benesse.jp/up_images/research/YOJI_seikatsu2018_28P_5th_web_all.pdf）

Cheek, F. E., 1984, *Stress Management for Correctional Officers and Their Families.* College Park, Md.: American Correctional Association.

Drew, Shirley K., 2007, *Doing Justice.* In Drew, S. K., Mills, M.B., Gassaway, B.M.（eds.）, *Dirty work: The social construction of taint,* Baylor University Press.

Durkheim, Émile,［1893］1960, *De la division du travail social ― Étude sur l'organisation des sociétés supérieures,*7e éd., Paris, P.U.F. = 2005 田原音和訳『社会分業論　復刻版』青木書店

海老原明夫 1990「解題」マックス・ウェーバー著、海老原明夫・中野敏男訳『理解社会学のカテゴリー』未來社

遠藤薫 2007「現代文化におけるグローバリゼーション／ローカリゼーションのねじれ―現実と理論」遠藤薫編『グローバリゼーションと文化変容　音楽、ファッション、労働からみる世界』世界思想社

Goffman, Erving, 1961, *Encounters: Two Studies in the Sociology of*

阿部真大（あべまさひろ）

1976年、岐阜県岐阜市生まれ。社会学者。甲南大学教授。専門は労働社会学、家族社会学、社会調査論。気分は高揚しつつも徐々に身体が壊れていくバイク便ライダーたちの姿を描いた『搾取される若者たち——バイク便ライダーは見た！』（集英社新書）でデビュー。ポスト日本型福祉社会におけるセーフティネットのあり方について、社会学的な見地から考えている。主な著書に、『居場所の社会学——生きづらさを超えて』（日本経済新聞出版社）、『地方にこもる若者たち——都会と田舎の間に出現した新しい社会』（朝日新書）、『合コンの社会学』（北村文との共著、光文社新書）などがある。

会社《かいしゃ》のなかの「仕事《しごと》」社会《しゃかい》のなかの「仕事《しごと》」

資《し》本《ほん》主《しゅ》義《ぎ》経《けい》済《ざい》下《か》の職業《しょくぎょう》の考《かんが》え方《かた》

2023年4月30日初版1刷発行

著　者 —— 阿部真大

発行者 —— 三宅貴久

装　幀 —— アラン・チャン

印刷所 —— 萩原印刷

製本所 —— 国宝社

発行所 —— 株式会社 光文社
東京都文京区音羽1-16-6（〒112-8011）
https://www.kobunsha.com/

電　話 —— 編集部03(5395)8289　書籍販売部03(5395)8116
業務部03(5395)8125

メール —— sinsyo@kobunsha.com

落丁本・乱丁本は業務部へご連絡くだされば、お取替えいたします。

ISBN 978-4-334-04657-6

1230

「美食地質学」入門
和食と日本列島の素敵な関係

巽好幸

蕎麦を育む火山、出汁を支える山脈、日本酒と地球の大変動——。多彩な和食が生まれた理由は日本列島にある!? 地下深くで密接に結びつく二つの意外な関係をマグマ学者が丁寧に紐解く。

978-4-334-04637-8

1231

時を超える美術
「グローカル・アート」の旅

新見隆

ローカル（地域、身近なもの）を大事にしながらグローバル（世界のありかた）につながる——。そんな「グローカル」な精神を宿した美術作品や芸術家に触れた「芸術風土記」エッセイ。

978-4-334-04638-5

1232

Web3とは何か
NFT、ブロックチェーン、メタバース

岡嶋裕史

「巨大IT企業の支配から個人が解放されたインフラ」で、「要素技術としてブロックチェーン、なかでもNFTあたりを重視する」というWeb3の全体像を、批判的な見方を含め解説。

978-4-334-04639-2

1233

古典と日本人
「古典的公共圏」の栄光と没落

前田雅之

高等教育の古文・漢文不要論が唱えられる今、私たちに古典は本当に必要なのか。日本において古典が成立した歴史を辿りながら、そもそも「古典」とは何かということを考える。

978-4-334-04640-8

1234

小学校受験
現代日本の「教育する家族」

望月由起

拡大・過熱・多様化——誰が、なぜ、どのように受験しているのか。入学後の環境は？ 教育学者が小学校受験の実際や問題点、評価すべき点などを、経験者の声も交え具体的・リアルに報告。

978-4-334-04641-5

1235
アニメ療法《セラピー》
心をケアするエンターテインメント

パントー・フランチェスコ

日本のポップカルチャーの力で、心を治癒することはできるか。イタリア出身のオタク精神科医が精神医学や心理学の知見を物語療法と接続し、新しい「アニメ療法《セラピー》」を構想する。

978-4-334-04642-2

1236
安い・美味しい・簡単 実践 健康食

岩田健太郎

「近所のスーパーの特売品で自炊」に健康が詰まってる…感染症医でファイナンシャル・プランナーの資格も持つ著者と考える、お金をかけず、持続可能でより豊かに生きるための食事術。

978-4-334-04643-9

1237
社会を変えるスタートアップ
「就労困難者ゼロ社会」の実現

小野貴也

全国１５００万人の「就労困難者」に適切な仕事を提供し、労働力減少を補う。社会課題を解決するスタートアップが見据える日本経済の未来像と、その先にあるインクルーシブ社会とは。

978-4-334-04644-6

1238
教育大国シンガポール
日本は何を学べるか

中野円佳

激しい教育競争、点数化する習い事——煽られ、葛藤する母親達、疲弊する子ども達。教育社会学研究者・ジャーナリストが現地の教育システムの実態を、インタビュー調査を交え報告。

978-4-334-04645-3

1239
エンタメ小説家の失敗学
「売れなければ終わり」の修羅の道

平山瑞穂

華々しいデビュー、10万部超えのヒット、そして映画化——。人気作家も目前だった小説家が犯した痛恨の「失敗」とは？出版界の裏事情と赤裸々な告白に満ちた自虐的反省の書。

978-4-334-04646-0

光文社新書

1240

「おふくろの味」幻想
誰が郷愁の味をつくったのか

湯澤規子

一体「おふくろの味」とは何を指しているのか。なぜそれは時に女性たちをいらだたせるのか。社会と時代を丹念に読み解き、「おふくろの味」が誕生した経緯とその正体を探る。

978-4-334-04647-7

1241

数字のセンスを磨く
データの読み方・活かし方

筒井淳也

私たちは数字に取り囲まれて日々を送っている。だが、数字をきちんと理解し、数字ときちんと向き合えているだろうか。計量社会学・家族社会学を専門とする著者が「数字との付き合い方」を示す。

978-4-334-04648-4

1242

追跡 税金のゆくえ
ブラックボックスを暴く

高橋祐貴

一般社団法人による〝中抜き〟、見えない五輪予算、孫の小遣いとなる中山間地域の助成金――。私たちの税金は何に使われているのか。気鋭の新聞記者がその杜撰な実態に粘り強く迫る！

978-4-334-04649-1

1243

友情を哲学する
七人の哲学者たちの友情観

戸谷洋志

友情とは何なのか。いま、その多様性を知ることが、人生をいくらか豊かなものにしてくれるのではないか。漫画が描く「友情」のあり方を参照しながら、哲学者七人の友情観を探る。

978-4-334-04650-7

1244

改訂版 東大合格高校盛衰史
1949年〜最新ランキング徹底解剖

小林哲夫

日本一の頭脳たちはどこから集うのか？ 名門進学校の凋落と躍進を辿ることで、日本社会の構造が浮き彫りになる。戦後から今に至るまでの合格者数ランキングで、東大受験の実情を一挙総覧！

978-4-334-04651-4

光文社新書

1245
リスキリングは経営課題
日本企業の「学びとキャリア」考

小林祐児

急速に取り組みが進む、知識やスキルの学び直し「リスキリング」を阻む、日本企業特有の構造とは何か。大人が世界一学ばない国・日本における学び方、働き方の新たな仕組みを考える。

978-4-334-04652-1

1246
宇宙ベンチャーの時代
経営の視点で読む宇宙開発

小松伸多佳　後藤大亮

宇宙開発は民間企業がイニシアティブをとる「ビジネス」として生まれ変わりつつある。ベンチャー・キャピタリストとJAXAのエンジニアが企業経営とサイエンスの観点から展望する。

978-4-334-04653-8

1247
東大生、教育格差を学ぶ

松岡亮二　髙橋史子
中村高康　編著

地域・性別・社会階層など本人が変えることのできない「生まれ」によって学力や学歴などに差がうまれる「教育格差」を、東大生38人はどう捉えるか。白熱ゼミの模様を新書化。

978-4-334-04654-5

1248
90歳までに使い切る
お金の賢い減らし方

大江英樹

「貯める・増やす」の呪縛、「老後不安」という物語に振り回されず、価値ある使い方をすることで人生を豊かに生きる方法とは。お金の本質を掘り下げ、日本人のお金観に一石を投じる。

978-4-334-04655-2

1249
大人のマナー術

辛酸なめ子

コロナ禍の限られた人付き合いで、辛酸さんのマナー感覚は危機的状況に。一念発起、よりよい人間関係のヒントを学びます。今こそ読みたい、避けられないコミュニケーションへの処方箋！

978-4-334-04656-9